Técnicas Secretas de Manipulación y Cómo Dejar de Pensar Demasiado:

La Biblia de la Psicología Oscura para Aprender y Dominar la Persuasión, Influir en las Personas y Controlar tus Emociones

Table of Contents

Table of Contents 2

Introducción 10

Capítulo uno: Manipulación emocional 25

Capítulo 2: Técnicas de manipulación encubierta 36

Capítulo 3: Técnicas de manipulación de la PNL 48

Capítulo 4: Persuadir e influir en las personas 57

Capítulo 5: Cómo abordar la manipulación en las relaciones 79

Capítulo 6: La manipulación de la opinión pública como orador .. 87

Capítulo 7: Manipulación con Small-Talk 92

Conclusión: 113

Introducción 116

Capítulo 1: ¿Qué es la Sobrepenxamiento? 118

    ¿Por qué pensamos demasiado? 119

    El Cerebro que Sobrepiensa 120

    Síntomas de pensar demasiado 122

    Peligros de ser un pensador excesivo 123

    Tres Tipos de Sobre-pensamiento 125

Capítulo 2: Ansiedad y Rumiar. 127

    Formas en que la ansiedad causa pensamiento excesivo 127

    Resultado de la ansiedad y la sobrethinking 128

    Qué no es la sobrepensación 130

    Cómo dejar de pensar demasiado en todo 131

Capítulo 3: Intenta detenerlo antes de que comience. 132

    Creencias limitantes. 132

    Estrategias de afrontamiento poco útiles 134

Prepárate para entrenar tu cerebro para establecer una relación saludable con tus pensamientos. 135

Capítulo 4: Enfoque en la Resolución Activa de Problemas............................ 138

¿Qué es la resolución activa de problemas?... 139

Preguntas para hacerte... 139

¿Cuándo es efectiva la resolución de problemas activa?.............................. 140

Cómo usar la resolución activa de problemas. 141

Capítulo 5: Considera el peor escenario posible... 143

Qué hacer cuando se está considerando el peor de los casos 144

Por qué deberías considerar el peor de los casos 145

Capítulo 6: Programar Tiempo para Pensar.. 147

Los pasos del "Tiempo de Reflexión en el Calendario". 148

Capítulo 7: Piensa de manera útil. 151

Capítulo 8: Establecer límites de tiempo para tomar decisiones. 155

Cómo establecer límites de tiempo para tus decisiones 156

Establece un límite al número de decisiones que tomas por día................. 157

Capítulo 9: Considera el panorama general.. 159

Capítulo 10: Vive el Momento.. 163

¿Por qué es importante estar presente?... 164

Pasos prácticos para vivir en el presente. 164

Capítulo 11: Meditar 167

4 formas en las que la meditación ayuda a detener el exceso de pensamientos. 168

Cómo Meditar en 9 Sencillos Pasos 169

Capítulo 12: Crear una lista de tareas. 171

Capítulo 13: Abrazar la positividad... 175

Capítulo 14: Utilizando afirmaciones para aprovechar el pensamiento positivo. 179

¿Qué son las afirmaciones y funcionan? 180

Cómo utilizar afirmaciones positivas 180

Cómo Escribir una Declaración de Afirmación 182

Ejemplos de Afirmaciones 183

Capítulo 15: Convertirse en una persona orientada a la acción. 185

Consejos para tomar acción en superar el pensamiento excesivo 186

Capítulo 16: Superando tu miedo. 188

Capítulo 17: Confía en ti mismo. 190

Capítulo 18: Deja de Esperar el Momento Perfecto. 194

Capítulo 19: Deja de preparar tu día para el estrés y la sobrethinking. 198

Capítulo 20: Aceptando Todo lo que Sucede. 200

Formas de Dejar Ir las Heridas del Pasado 201

Capítulo 21: Da lo mejor de ti y olvida el resto. 204

No tiene que ser difícil 206

Capítulo 22: No te pongas presión a ti mismo para manejarlo. 208

Capítulo 23: Diario para sacar los pensamientos de tu cabeza. 211

Cómo Empezar 212

Escribir un Diario Hacia un Mejor Estado Mental 213

Capítulo 24: Cambia de Canal. 215

Capítulo 25: Tomarse un Descanso. 218

Descanso para Resultados 218

Capítulo 26: Trabajar fuera. 221

Cómo el ejercicio promueve el bienestar positivo 222

Tipos de ejercicios para superar la sobrethinking 224

Capítulo 27: Adquiere un pasatiempo. 226

Capítulo 28: No seas demasiado duro contigo mismo. 229

Cómo dejar de ser demasiado duro contigo mismo 230

Capítulo 29: Obtén bastante sueño de buena calidad. 232

   Beneficios de dormir 233

   Cómo obtener el máximo provecho de tu sueño 235

Conclusión. 239

Técnicas Secretas de Manipulación:

Las 7 técnicas más poderosas para influir en la gente, persuasión, control mental, lectura de personas, PNL. Cómo analizar a las personas y el lenguaje corporal.

Derechos de autor 2024 por Robert Clear - Todos los derechos reservados.

Este libro se ofrece con el único propósito de proporcionar información relevante sobre un tema específico para el que se han hecho todos los esfuerzos razonables para garantizar que sea preciso y razonable. No obstante, al comprar este libro, usted acepta que el autor y el editor no son en absoluto expertos en los temas que contiene, independientemente de las afirmaciones que puedan hacerse al respecto. Por lo tanto, cualquier sugerencia o recomendación que se haga en este libro se hace con fines de entretenimiento. Se recomienda consultar siempre a un profesional antes de poner en práctica cualquiera de los consejos o técnicas que se exponen.

Se trata de una declaración jurídicamente vinculante que es considerada válida y justa tanto por el Comité de la Asociación de Editores como por el Colegio de Abogados de Estados Unidos y que debe considerarse jurídicamente vinculante dentro de este país.

La reproducción, transmisión y duplicación de cualquiera de los contenidos aquí encontrados, incluyendo cualquier información específica o ampliada, se realizará como un acto ilegal independientemente de la forma final que adopte la información. Esto incluye las versiones copiadas de la obra, tanto físicas como digitales y de audio, a menos que se cuente con el consentimiento expreso de la Editorial. Quedan reservados todos los derechos adicionales.

Además, la información que se encuentra en las páginas que se describen a continuación se considerará exacta y veraz a la hora de relatar los hechos. Por lo tanto, cualquier uso, correcto o incorrecto, de la información proporcionada dejará al editor libre de responsabilidad en cuanto a las acciones realizadas fuera de su ámbito directo. En cualquier caso, no hay ninguna situación en la que el autor original o la editorial puedan ser considerados responsables de ninguna manera por cualquier daño o dificultad que pueda resultar de cualquier información discutida aquí.

Además, la información contenida en las páginas siguientes tiene únicamente fines informativos, por lo que debe considerarse universal. Como corresponde a su naturaleza, se presenta sin garantía de su validez prolongada ni de su calidad provisional. Las marcas comerciales que se mencionan se hacen sin el consentimiento por escrito y no pueden considerarse en ningún caso un respaldo del titular de la marca.

Introducción

Aunque las cosas parezcan de color de rosa y bonitas por fuera, incluso con una crianza ideal, una gran educación y una carrera estelar, todos hemos sido víctimas de tácticas desagradables utilizadas por personas para salirse con la suya aprovechándose de nuestros sentimientos, nuestra autoestima y nuestras emociones. Todos hemos formado parte de relaciones manipuladoras en las que los hilos de nuestros sentimientos y emociones eran controlados hábilmente por otra persona para satisfacer sus necesidades.

Aunque los seres humanos en general prosperan con el amor, la bondad y la gratitud, no se puede negar que es una especie egocéntrica. Sí, somos egoístas por naturaleza. Aunque no creas que ser egoísta o servicial es un rasgo negativo. ¿Por qué no habríamos de pensar en nosotros mismos? Sin embargo, algunas personas llevan este egocentrismo demasiado lejos. En su intento de satisfacer sus necesidades, pisotean los sentimientos y las emociones de los demás.

Cuando la gente empieza a recurrir a técnicas intencionadas, calculadas y astutas para salirse con la suya es lo que la convierte en malvada. La intensidad de esto puede variar de una persona a otra dependiendo de su crianza, entorno, personalidad, experiencias, educación y varios otros factores.

Todos somos culpables de utilizar la manipulación en algún momento, a menudo sin darnos cuenta. Del mismo modo, a menudo somos manipulados por personas cercanas a nosotros sin darnos cuenta de que estamos siendo víctimas de la manipulación. Y esto es precisamente lo que la hace tan siniestra e insidiosa. Nos hacen pensar, sentir y actuar de una manera determinada para satisfacer la necesidad de otra persona sin tener en cuenta nuestras emociones.

La cruda realidad de la manipulación es que se origina en personas que están lidiando con problemas relacionados con la seguridad, la autoconfianza y la comodidad. Intentan forzar su suerte en un intento de sujetar a otras personas por miedo a perderlas. Los manipuladores actúan desde un profundo sentimiento de inseguridad. Irónicamente, no se dan cuenta de que, en su intento de controlar a las personas por miedo a perderlas, acaban haciendo precisamente eso. Perder a la gente.

Otras veces, los manipuladores simplemente se aprovechan de la gente para servir a sus propósitos egoístas y degolladores. Son fríos, calculadores y despiadados en sus actos. No tienen en cuenta los sentimientos y las emociones de sus víctimas. Según ellos, el mundo es un "perro come perro", y para sobrevivir creen que tienen que utilizar a otras personas.

Manipuladores operan bajo la premisa de que deben lograr su objetivo por cualquier medio necesario, incluso si eso implica perjudicar a otros en el proceso. Son individuos que deben ser vigilados de cerca y evitados.

El propósito de este libro es que conozcas los trucos furtivos que la gente utiliza para manipular a los demás. Pretende descubrir cómo la gente utiliza la manipulación emocional, el control mental y la persuasión para satisfacer sus propias necesidades.

Cuando es capaz de identificar las técnicas manipuladoras inteligentes, le resulta más fácil protegerse de ellas. Aprenderá a leer las señales de advertencia de la manipulación y a utilizar técnicas prácticas para salvaguardar sus emociones y su confianza en sí mismo, logrando así una completa inmunidad contra las tácticas astutas de la gente.

La manipulación es muy diferente de la persuasión. Mientras que la persuasión otorga a la otra persona el derecho a elegir su respuesta a una situación concreta, la manipulación sí da a la víctima el derecho a elegir. La manipulación sólo tiene un camino: el que el manipulador quiere que tomes. Sólo hay una "elección correcta": la elección del manipulador. No hay ninguna consideración o preocupación por sus deseos, elecciones y emociones. Pagarás con el infierno si no eliges la opción que ellos quieren que elijas.

Las tácticas típicas de manipulación incluyen

-Quejándose

-Víctima del juego

Inducción de la culpa

-Comparando

- Ofrecer excusas y racionalizar

Soberbia ignorancia

Chantaje emocional

-Evasión

-Demostrar una falsa preocupación.

Subir a la gente

-Culpar a los demás y utilizar defensas del tipo "¿quién soy yo?

-Mentira

-Negando

- Falsos halagos

Intimidación

-Dar la ilusión del desinterés

-Vergüenza

Utilizar las técnicas de entrada en la puerta

y más

¿Alguna vez te has preguntado cómo algunas personas pueden lograr que otras hagan exactamente lo que quieren? ¿O cómo consiguen un gran número de seguidores que están más que dispuestos a estar de acuerdo con ellos o seguir sus instrucciones? ¿Cuáles son las habilidades vitales secretas que estas personas utilizan en el mundo real para influir en la gente y lograr que acepten cosas?

Dominar el fino arte de ganar e influir en la gente es una

ventaja para la vida. Le permite sacar lo mejor de los demás, los anima a ver las cosas desde su perspectiva y, en última instancia, les ayuda a hacer exactamente lo que usted quiere.

Es importante entender que ninguna de las técnicas descritas en el libro entra dentro de las estrategias del arte oscuro de persuadir a la gente. Influir en la gente no consiste en destruir su autoestima para sentirse bien consigo mismo.

Por el contrario, se trata de construirlos animándolos e inspirándolos. Existen múltiples estrategias psicológicas para influir en las personas sin que se sientan mal consigo mismas. Adoptamos un enfoque enormemente positivo y constructivo cuando se trata de ser un increíble influenciador y de influir en las personas en la dirección correcta.

¿Te has preguntado alguna vez por qué ciertos influencers inspiran a un grupo de seguidores que harían cualquier cosa por complacerles mientras que otros apenas logran que la gente reconozca sus instrucciones? Se trata de crear una conexión que impulse a la gente en la dirección correcta. Aunque los escritores de psicología popular no quieran que lo creas, influir en la gente va más allá de solo un montón de trucos psicológicos. Se trata de adentrarse en las emociones de las personas, en su subconsciente y en sus motivaciones más profundas.

Según una leyenda que circula, Benjamín Franklin quiso una vez complacer a un hombre que no le gustaba mucho. Se adelantó y le pidió al hombre que le prestara (a Franklin) una rara publicación. Cuando Franklin la recibió, le dio las gracias amablemente. El resultado: los dos se hicieron grandes amigos.

Según Franklin, "Aquel que ha hecho una vez una amabilidad estará más dispuesto a hacer otra que aquel a quien tú mismo has obligado". Actos aparentemente pequeños como (dar las gracias o ser amable) llegan muy lejos a la hora de forjar lazos en los que la gente le quiera de verdad y le escuche.

¿Ha oído hablar de la hipnosis conversacional? El término ha cobrado mucha fuerza recientemente y no es más que una serie de técnicas utilizadas para influir inconscientemente en el comportamiento de un individuo o grupo de tal manera que crean que su opinión ha cambiado con su propia voluntad.

Por supuesto, esta área de persuasión/influencia en las personas cae en la zona gris. Influir en las personas haciéndoles creer que es por su voluntad puede ser engañoso. Cada persona debe determinar si quiere utilizar estos trucos de forma ética o no. Sin embargo, hay un montón de técnicas probadas de sombrero blanco para empezar a hablar y comportarse de una manera que haga que la gente se siente y tome nota.

La comunicación eficaz es la base de sus encuentros personales y profesionales. Las palabras, las acciones y los gestos que utiliza para conectar con la gente les ayudan a entenderle y le facilitan influir en sus acciones a su favor.

Influir sutilmente en la gente consiste en ser un comunicador poderoso, un influenciador carismático y un individuo persuasivo. Hay montones de maneras de conseguir que la gente esté de acuerdo contigo sin ser argumentativo o negativo. Este libro le dice cómo hacerlo. Le ayuda a entender cómo reaccionan las personas ante diferentes estímulos, qué los lleva a hacer lo que hacen y cómo animarles/inspirarles de forma positiva. Empecemos ahora mismo.

Ahora que eres bastante competente en la identificación de tácticas de manipulación emocional y encubierta, vamos a entender qué lleva a las personas a manipular a los demás. Esto puede ayudarle a tratar con ellos de forma más eficiente.

Todos hemos sido víctimas de todo tipo de cosas, desde la mentira patológica, pasando por hacernos sentir inadecuados, hasta sufrir horribles campañas de desprestigio. Están más allá de las normas razonables de comportamiento humano. ¿Qué hace que las personas se conviertan en siniestros manipuladores? ¿Qué lleva a los manipuladores a utilizar las tácticas que utilizan? ¿Qué los lleva a desafiar las normas de comportamiento humano y a recurrir a técnicas turbias para salirse con la suya?

La manipulación es un arma de doble filo con connotaciones en gran medida negativas. Sin embargo, en determinadas circunstancias, también puede utilizarse para cumplir un propósito final positivo cuando ninguna otra táctica directa resulta eficaz. Este manual de manipulación no sólo le proporcionará un tesoro de consejos de manipulación y persuasión, sino también consejos para tratar con los manipuladores en la vida diaria y, especialmente, en las relaciones interpersonales. He adoptado una visión global de la manipulación como un martillo que puede usarse para destruir cosas o para golpear un clavo en la pared. Piense en ella como una herramienta poderosa: puede utilizarla para construir algo o para destruirlo. La forma de utilizar la manipulación está en sus manos. Mientras que, por un lado, se le ofrecen un montón de técnicas de manipulación para influir en la gente, por otro, hay consejos para salvaguardarle de la manipulación siniestra o negativa.

Siga leyendo para conocer más a fondo lo que hace que las personas manipulen a los demás de una forma que nunca imaginaría.

¿Por qué la gente manipula?

Los manipuladores viven constantemente bajo el miedo y la inseguridad. ¿Y si esto no sucede? ¿Y si mi pareja me deja por otra persona? ¿Y si alguien se impone sobre mí? Quieren ganar y controlar todo el tiempo para combatir una sensación inherente de miedo.

¿De dónde surge este miedo? Tiene su origen en un profundo sentimiento de indignidad. Esto se traduce simplemente en que ciertamente no soy digno de las cosas y personas buenas de la vida, por lo que estas cosas y personas me abandonarán. Para evitar que me abandonen, debo recurrir a algunas técnicas solapadas que me den el control absoluto sobre las personas y las cosas que creo que no merezco. En resumen, el mensaje subyacente es: ¡no me merezco o no soy digno de las personas y las cosas!

Miedo

¿Por qué una persona utiliza la manipulación para cumplir con su propia agenda? Simple, ¡miedo!

Es obvio que los manipuladores temen que nunca podrán obtener el resultado deseado con sus propias habilidades. Que si actúan con ética, la gente y la vida no les recompensarán positivamente. Operan desde el punto de vista de que la gente es la vida y la gente está posicionada en su contra. Los manipuladores temen a todo el mundo como su enemigo y creen que la vida no les será necesariamente favorable si actúan favorablemente.

They are afraid that resources are limited and that, if they don't win something, others will. They think it's a "dog eat dog" universe where they have to control people so they can help them achieve the desired outcome. This control can be in any form: emotional, psychological, financial, or practical.

They want to control people in order to achieve their desired agenda and leave their fear behind.

Baja o nula conciencia

La falta de conciencia es otra razón fundamental para la manipulación. Cuando una persona no se da cuenta de que es responsable de su propia realidad, hay una mayor tendencia a operar sin conciencia. Los manipuladores no creen que exista un sistema justo. Además, han dejado de evolucionar. No aprenden de las experiencias anteriores ni tratan de lograr un estado de congruencia entre las emociones internas y la vida externa.

Consideran la manipulación como un mundo seguro para obtener el resultado deseado, a pesar de que estos resultados no les han aportado satisfacción en el pasado. Emocional y psicológicamente siguen volviendo al punto de partida de vez en cuando, sin aprender nunca la lección. Para evitar esta lección, crearán otra razón para manipular. Así, quedan atrapados en un círculo vicioso de indignidad o insatisfacción y luego crean otra necesidad de manipulación.

La manipulación no es rentable más allá del breve arreglo inicial, ya que la acción manipuladora no es auténtica, equilibrada ni eficaz. Es una reacción de defensa ante la percepción de dolor, indignidad, miedo o inseguridad. Al ser manipuladora, la persona intenta compensar estas emociones.

La manipulación es un acto deliberado que no está alineado con la conciencia de la persona ni con el bien mayor. La persona no opera con un entendimiento de "somos uno", lo que significa que busca ganar a través de la manipulación mediante la autenticidad en lugar de la no autenticidad. Todo lo que se gana a través de la no autenticidad sólo conduce a victorias estrechas, problemas continuos, vacío o miedo, e indignidad. Esto crea una sensación de indignidad aún mayor. De nuevo, la indignidad es el miedo a no ser digno del amor y la aceptación de los demás.

Las personas manipuladoras no aprenden, evolucionan ni se dan cuenta del poder de la autenticidad. La falta de comprensión del poder real de la autenticidad y la valía proviene de saber que uno es apreciado y aceptado por lo que realmente es. En esencia, un sentimiento de indignidad es a menudo el núcleo de la manipulación.

No quieren pagar el precio que conlleva alcanzar sus objetivos.

Las personas suelen manipular para satisfacer sus necesidades porque no quieren pagar el precio que conlleva su objetivo. A menudo se esfuerzan por lograr el objetivo o servir a su propósito sin querer devolver o pagar el precio a cambio.

Por ejemplo, si no quiere que su pareja le deje, la relación requerirá trabajo. Tendrá que dar a su pareja amor, compasión, comprensión, tiempo, lealtad, ánimo, inspiración, un futuro seguro y mucho más.

Un manipulador puede no querer que su pareja le deje, pero no quiere pagar el precio de mantener una relación feliz, segura y sana, en la que la pareja nunca le deje. Puede que no quieran ser leales o pasar mucho tiempo con su pareja, y sin embargo esperan que se quede. Cuando las personas no están dispuestas a pagar el precio de conseguir lo que quieren, pueden recurrir a la manipulación o a técnicas turbias para conseguir esos objetivos sin pagar el precio que conllevan.

De igual manera, if una persona manipuladora quiere ser ascendida en su lugar de trabajo, en lugar de trabajar duro, quedarse más allá de las horas de trabajo, mejorar sus habilidades o conseguir un título, simplemente manipulará su camino hacia el puesto. La persona no está dispuesta a pagar el precio o a hacer lo necesario para ser promovida.

A veces, está muy arraigado en la psique de una persona que los deseos son malos o que no debería tener ningún deseo, ya que le hace parecer egoísta. La manipulación se convierte entonces en una forma de conseguir lo que desean o necesitan sin siquiera pedirlo.

Los manipuladores saben que todo tiene un precio. Una persona no les hará un favor sin esperar un favor a cambio. No seguirán recibiendo cosas si no demuestran amabilidad y gratitud. Una persona no los amará o tendrá sexo con ellos sin obtener compromiso, lealtad y amor a cambio. Los manipuladores tratan de tentar la suerte intentando conseguir algo sin pagar el precio que conlleva. A menudo es una salida fácil.

Piensan que no les van a pillar

Otra razón por la que las personas manipulan es que creen que pueden salirse con la suya con sus actos furtivos y que las víctimas no se darán cuenta de que están siendo manipuladas. También confían en que la víctima no puede hacer nada aunque se descubra su tapadera de manipulación.

¿Qué es lo que hace que los manipuladores sientan que no van a ser descubiertos? Algunas personas parecen intrínsecamente despistadas, vulnerables, inseguras e ingenuas. Este es el tipo de personas de las que se aprovechan los manipuladores. Creen que una persona que tiene poca confianza en sí misma, un bajo sentido de la autoestima o que no tiene ni idea de cómo funciona el mundo es menos probable que se dé cuenta de que está siendo manipulada.

Además, los manipuladores saben que en caso de que se descubra su tapadera de manipulación, la víctima no podrá hacer mucho. Eligen astutamente objetivos con poca confianza en sí mismos, autoaceptación, imagen corporal o sentido de la autoestima. Es más fácil jugar con las vulnerabilidades de estas personas que con las personas asertivas y seguras de sí mismas que no permiten que se aprovechen de ellas.

Por ejemplo, digamos que una persona tiene poca conciencia de la dinámica social, no entiende las bromas con facilidad, no identifica una broma a tiempo, no es capaz de diferenciar entre la cortesía genuina y las insinuaciones sexuales, no puede distinguir cuando alguien se siente realmente atraído por él o simplemente quiere irse a la cama con él y otras dinámicas sociales e interpersonales similares son más propensas a ser manipuladas.

Los manipuladores son muy conscientes de que sus víctimas no pueden hacer nada si ni siquiera se dan cuenta de que se está abusando de sus debilidades. A menudo se aprovechan de la falta de conocimiento de sus víctimas diciendo que se están imaginando cosas o inventando algo. Una persona ya despistada e insegura es menos probable que cuestione esta idea. Cuando uno ya se tambalea bajo los sentimientos de inseguridad, despiste y vulnerabilidad, ¿qué tan difícil es para el manipulador aprovecharse de estos sentimientos reforzándolos aún más? Manipuladores

Los manipuladores manipulan porque creen que pueden herir o molestar a sus víctimas más de lo que las víctimas pueden herir o molestar a ellos. Casi siempre se dirigen a personas que parecen agradables y vulnerables. Cuando las personas son ajenas a la deshonestidad que existe en las relaciones sociales, no están realmente acostumbradas a las lealtades deshonestas. Esto no les proporciona los medios para enfrentarse o contrarrestar la deshonestidad, lo que les hace menos conscientes de que están siendo manipulados.

No son capaces de aceptar sus defectos

Cuando las personas son incapaces de asumir sus defectos o no aceptan la responsabilidad o la rendición de cuentas por las faltas, existe una necesidad inherente de hacer que los demás se sientan menos que ellos.

Si los manipuladores no son lo suficientemente buenos o se sienten miserables sobre sí mismos, existe el deseo de hacer que otros se sientan igualmente indignos o miserables sobre sí mismos. Cuando una persona cree que es indigna de alguien, manipulará a la persona para que se sienta indigna también, de modo que pueda obtener el control sobre su percepción de que necesita al manipulador en su vida para sentirse digno. Al menospreciar a los demás o ganar control sobre ellos, experimentan una forma de pseudo superioridad. Si no pueden ser lo suficientemente buenos para los demás, hagamos que los demás sientan que no son lo suficientemente buenos también para mantener el control sobre ellos.

De hecho, los manipuladores no quieren que sus víctimas se den cuenta de que ellos (los manipuladores) no son lo suficientemente buenos o no son dignos de ellas (las víctimas). Por lo tanto, el manipulador cultivará cuidadosamente un sentimiento de impotencia e indignidad dentro de la víctima para mantenerla enganchada a él/ella. Si una persona se da cuenta de que es más atractiva, inteligente, rica, capaz, eficiente, autosuficiente, etc., mayores serán sus posibilidades de dejar al manipulador. Por otro lado, si el manipulador les inyecta la sensación de no estar "completos", necesitarán a alguien que los "complete".

Los manipuladores no son capaces de aceptar sus defectos ni

de enfrentarse a las críticas. A menudo se enfrentan a problemas psicológicos profundos o a inseguridades. Al manipular a los demás, no tienen que enfrentarse a sus propias inseguridades para sentirse superiores a los demás. Para alguien que opera con una perspectiva tan estrecha, incluso una pequeña corrección, retroalimentación o crítica puede parecer una gran derrota.

Las personas que manipulan no saben cómo afrontar la derrota. Si duda en dar su opinión porque la persona se pone a la defensiva o saca las cosas de quicio o no se toma las cosas con el espíritu adecuado, puede ser una señal de que está tratando con alguien que no puede aceptar las críticas.

Observe que los manipuladores rara vez expresan sentimientos de gratitud o agradecimiento. Les resulta difícil ser agradecidos con los demás porque, en su opinión, al hacerlo están aumentando su sensación de estar obligados con otra persona, lo que no les da ventaja en ninguna relación.

Evitar la aceptación de sus defectos.

Cuando las personas son incapaces de asumir sus defectos o no aceptan la responsabilidad o la rendición de cuentas por las faltas, existe una necesidad inherente de hacer que los demás se sientan menos que ellos.

De hecho, los manipuladores no quieren que sus víctimas se den cuenta de que ellos (los manipuladores) no son lo suficientemente buenos o no son dignos de ellos (las víctimas). Por lo tanto, el manipulador cultivará cuidadosamente un sentimiento de impotencia e indignidad dentro de la víctima para mantenerla enganchada a él/ella. Si una persona se da cuenta de que es más atractiva, inteligente, rica, capaz, eficiente, autosuficiente, etc., mayores serán sus posibilidades de dejar al manipulador. Por otro lado, si el manipulador les inyecta la sensación de no estar "completos", necesitarán a alguien que los "complete".

Los manipuladores no son capaces de aceptar sus defectos ni de enfrentarse a las críticas. A menudo se enfrentan a problemas psicológicos profundos o a inseguridades. Al manipular a los demás, no tienen que enfrentarse a sus propias inseguridades para sentirse superiores a los demás. Para alguien que opera con una perspectiva tan estrecha, incluso una pequeña corrección, retroalimentación o crítica puede parecer una gran derrota.

Las personas que manipulan no saben cómo afrontar la derrota. Si duda en dar su opinión porque la persona se pone a la defensiva o saca las cosas de contexto o no se toma las cosas con el espíritu adecuado, puede ser una señal de que está tratando con alguien que no puede aceptar las críticas.

Observe que los manipuladores rara vez expresan sentimientos de gratitud o agradecimiento. Les resulta difícil ser agradecidos con los demás porque, en su opinión, al hacerlo están aumentando su sensación de estar obligados con otra persona, lo que no les da ventaja en ninguna relación.

Capítulo uno: Manipulación emocional

Aunque todo el mundo es culpable de utilizar la manipulación (a sabiendas o sin saberlo) en algún momento, lo que diferencia a los manipuladores emocionales es que habitualmente pisotean las emociones y los sentimientos de las personas para servir a sus propias necesidades egoístas. Para algunas personas es una forma de vida utilizar los sentimientos de los demás en un intento de aumentar su control psicológico o su superioridad sobre la persona.

1. Jugar con los miedos de la gente. Los manipuladores emocionales tienden a exagerar los hechos y a resaltar sólo puntos específicos en un intento de infundirte miedo. Por ejemplo, un hombre que no quiere que su mujer siga una carrera a tiempo completo fuera de casa puede decirle algo como "las investigaciones revelan que el 60% de los divorcios se producen cuando ambos cónyuges tienen una carrera a tiempo completo", ocultando disimuladamente que puede haber otras razones que no sean la carrera o el trabajo de la mujer. Esto está inteligentemente construido para aprovecharse del miedo de la mujer a perder la relación si cede a sus ambiciones.

2. Las acciones y las palabras no deben coincidir. Los

manipuladores emocionales le dicen exactamente lo que creen que quiere oír, pero rara vez lo acompañan con acciones. Prometen compromiso y apoyo. Sin embargo, cuando llegue el momento de cumplir su compromiso, le harán sentir culpable por plantear exigencias poco razonables.

En un momento dado, le dirán lo afortunados que son por conocer a una persona como tú, y al siguiente le criticarán por ser una carga. Esta es una táctica inteligente para socavar la creencia de una persona sobre su cordura. Los manipuladores emocionales seguirán diciendo cosas que se ajusten a su propósito y, de repente, moldearán una percepción contraria haciendo lo contrario de lo que dijeron para desequilibrar la cordura.

Esto también tiene un precio, que reclamarán furtivamente en el futuro. Como manipulador emocional, recuerde constantemente a las personas cómo les ha ayudado y lo utiliza como palanca para que se sientan obligadas consigo. Si les recuerda constantemente un favor que les hizo voluntariamente, hará que la otra persona sienta que le debe algo, hay muchas probabilidades de que esté siendo manipulado emocionalmente.

3. Convertirse en maestros de la distribución de la culpa. Pocas personas aprovechan el poder de la culpa como los manipuladores practicados. Los manipuladores emocionales inducen el sentimiento de culpa en otras personas para satisfacer sus necesidades. Si alguien saca a relucir un tema que le ha molestado durante la discusión, los manipuladores le hacen sentir culpable por sentirse como se siente, por muy justificados que parezcan estos sentimientos. Los manipuladores emocionales hacen que la gente se sienta culpable por mencionar el tema. Cuando alguien no menciona el tema, le hacen sentir miserable por no ser abierto y hablar de ello.

Sigue haciendo sentir la culpa en usted, independientemente de la dirección de los pensamientos y acciones de la otra persona. De una forma u otra, encuentra razones para hacerle sentir culpable. Cualquier cosa que decidan hacer está mal. Independientemente de los problemas que la otra persona pueda tener colectivamente, un manipulador emocional siempre le hará sentir que es solo culpa suya. Los manipuladores culpan a la gente de todo lo desafortunado que ocurre en su vida y construyen un fuerte sentimiento de culpa en su interior. Si quiere conseguir que la gente haga lo que usted quiere, induzca un sentimiento de culpa y arrepentimiento. La culpa es una de las fuerzas de manipulación más fuertes que impulsan a las personas a profundizar y ceder a lo que usted desea que hagan.

Los manipuladores emocionales se aprovechan de sus víctimas haciéndose pasar por ellas. Hacen creer a sus víctimas que la culpa es siempre suya, independientemente de si son realmente responsables o no. La culpa siempre se asigna a la víctima y el manipulador se hace pasar por ella. Esto se hace con el fin de desplazar la responsabilidad de las deficiencias del manipulador para culpar a la víctima, lo que se hace con la intención de inducirla a la culpa. Cuando la víctima se siente culpable de la situación desagradable, es más sencillo para el manipulador conseguir que tome la acción deseada.

Los manipuladores se concentran en cómo la otra persona les hizo hacer algo o cómo es la culpa de la otra persona por la que ellos (los manipuladores) están sufriendo. Siempre es la otra persona la que hace que el manipulador esté enfadado, herido y molesto. Como manipulador, rara vez acepta la responsabilidad de sus propias acciones.

Entonces, para justificar el olvido de su aniversario ante su pareja e inducir un sentimiento de culpa, puede hablar de lo estresado, cansado, ocupado y agotado que ha estado, y de lo desconsiderado que es por su parte culparte de olvidar un aniversario cuando últimamente ha estado trabajando muy duro en un proyecto. En efecto, hemos hecho que la otra persona se sienta culpable por una expectativa razonable. Se le da la vuelta a la tortilla para que no asuma la culpa de haber olvidado el aniversario.

Todas las acciones de la otra persona se le atribuyen o se presentan/posicionan como su culpa hasta que se ajustan a su agenda. Al mismo tiempo, Se pone en el papel de la desafortunada víctima. Inducir un sentimiento de culpa es, de hecho, una de las estrategias de manipulación más poderosas para conseguir que alguien le obedezca. Esto es aún más efectivo en personas que sufren de baja autoestima o niveles reducidos de confianza en sí mismos.

Los manipuladores suelen conseguir que la otra persona haga lo que ellos quieren diciendo algo como: "Está bien Roger, no puedo esperar nada más de ti. Es realmente mi culpa que siga esperando mucho de ti y de nuestra relación". Esto induce un sentimiento de culpa en la otra persona, como si estuviera decepcionando al manipulador, lo que puede ser o no el caso. Le está diciendo que siempre le está decepcionando y que no puede esperar nada más de él.

¿Ha observado alguna vez cómo jugamos a la manipulación e introducimos un sentimiento de culpa en nuestras relaciones personales muchas veces? Fíjese en cómo las personas mayores hacen que sus hijos experimenten un sentimiento de culpa al mencionar que éstos nunca tienen suficiente tiempo para ellos.

Todos conocemos a esa persona que siempre está culpando a otras personas o a las circunstancias de sus defectos. Utilizarán estratégicamente su sensación de impotencia para conseguir que la otra persona realice la acción deseada. Los manipuladores dan a los demás la impresión de que ellos (la otra persona) han decidido su destino (el del manipulador) a través de sus acciones y elecciones, a menudo de forma negativa. Entonces harán sentir a la víctima que ahora es responsable de los males del manipulador y que debe reparar el daño.

Las víctimas comienzan a aceptar esta noción de que son responsables de una situación negativa creada para el manipulador y a menudo responden afirmativamente a la petición del manipulador de compensar lo aparentemente negativo que se les ha hecho creer que han hecho. El manipulador se posiciona como alguien que necesita ayuda y está condenado si no recibe la ayuda oportuna. La otra persona se siente fatal y acaba haciendo lo que quiere porque, en cierta medida, se siente responsable de su impotencia o de su desafortunada situación.

4. Hazte la víctima. En lo que respecta a la manipulación emocional, nada de lo que ocurre es nunca un error tuyo. Independientemente de sus acciones, siempre culpe a otro de sus fallos.

Insista en que le obligaron a hacer algo. Si se enfadan o se sienten heridos, usted es el responsable de crear expectativas poco razonables. Si se enfadan o molestan, usted es el responsable de herirlos. No hay ninguna responsabilidad por ninguna acción.

Por ejemplo, si una persona se olvida del cumpleaños de su pareja, y ésta se enfada por ello, generalmente se disculpará y prometerá arreglarlo en el futuro. Sin embargo, una persona emocionalmente manipuladora no se limitará a negar que es su culpa; también hará que su pareja se sienta desgraciada por culparla.

Se desprenderán de lo estresados que han estado hasta tarde

debido a algo que la pareja ha hecho y que es imposible que recuerden. El manipulador irá un paso más allá y le recordará casos en los que ha olvidado algo importante para justificar su culpa.

5. Los manipuladores emocionales esperan demasiado, demasiado pronto. Desde una relación interpersonal hasta una asociación empresarial, los manipuladores emocionales siempre toman la autopista, mientras pasan por alto algunos pasos en el camino. Pueden compartir demasiado al principio de una relación y esperar que la otra persona haga lo mismo.

Su vulnerabilidad, transparencia y sensibilidad son una astuta treta. Se trata de una farsa "especial" para hacerle sentir parte de su círculo íntimo. Lenta e insidiosamente, no sólo se sentirá apenado por sus sentimientos, sino también responsable de ello.

6. Los manipuladores emocionales menosprecian su fe en la comprensión de la realidad. Estas personas, hay que reconocerlo, son unos mentirosos y tramposos excepcionalmente hábiles. Insistirán con seguridad en que algo ha ocurrido cuando no lo ha hecho y negarán que haya ocurrido cuando sí lo ha hecho. Lo hacen de una manera tan tortuosa y solapada que empiezas a cuestionar su propia cordura.

Aunque su sospecha no es infundada, le hará sentir culpable por espiar y no confiar en su pareja. Llegará un punto en el que empezará a cuestionar su propia naturaleza sospechosa y su cordura. Estoy seguro de que muchos de ustedes están asintiendo con la cabeza a esto!

Sé que a estas alturas ya ha identificado a esas personas y relaciones y lo más probable es que ni siquiera fueras consciente de esas tácticas sarcásticas e insidiosas cuando nos manipulaban.

7. Everyone should feel like them. Wow, this is another subtle emotional manipulation technique that is used to absorb other people into their emotional state. The emotional manipulator wants everyone to feel like them. If they are in a bad mood, everyone around them should be aware of it.

8. El afán de ayudar se convierte en una carga más tarde. Los manipuladores emocionales se ofrecerán a ayudar inicialmente (y con bastante entusiasmo) sólo para quedar como mártires después. Actuarán como si lo que inicialmente aceptaron hacer fuera una enorme carga.

Si les recuerda que se comprometieron con la tarea, se darán la vuelta y le harán sentir como un paranoico a pesar de que parezcan deseosos de ayudar. ¿El objetivo? Inducir un sentimiento de culpa, sentirse obligado hacia ellos y probablemente incluso cuestionar su cordura.

9. Juegos de superioridad. Independientemente de la intensidad de sus problemas y desafíos, siempre harán ver que sus problemas son mucho peores. Intentarán socavar la autenticidad de sus problemas reforzando constantemente lo grandes que son sus problemas o desafíos.

Te harán sentir culpable por quejarte de cosas "triviales" cuando ellos se enfrentan a problemas serios. ¿El objetivo? Que no tengas ningún motivo para quejarte de lo 'no serio', mientras que ellos tienen todo el derecho a seguir recordándote sus problemas 'serios'. En otras palabras, quieren que te calles y dejes de quejarte de tus problemas, y que siempre estés por encima de ellos en cualquier situación.

10. Conocen sus botones emocionales y saben cómo pulsarlos a voluntad. Todos tenemos nuestros puntos débiles emocionales. Los manipuladores emocionales conocen hábilmente sus puntos débiles y no dudan en utilizarlos para

servir a sus propios objetivos siniestros. Utilizarán el conocimiento de sus puntos débiles en su contra.

Por ejemplo, si está inseguro de su aspecto, le harán comentarios sarcásticos sobre todo, desde su ropa hasta su peso. Si está preocupado por un discurso, se aprovecharán de sus miedos diciéndole lo duro, exigente y crítico que es el público. Utilizan el conocimiento de sus emociones no para hacerle sentir mejor, sino para manipularle para que se sienta peor.

11. Los manipuladores emocionales utilizan el humor para atacar sus debilidades percibidas y quitarle poder o hacerle sentir inadecuado. Fíjese en cómo algunas personas hacen continuamente comentarios críticos o sarcásticos sobre su pareja o amigo, a menudo con el disfraz de humor. La idea es hacer que la otra persona se sienta inadecuada, inferior o insegura.

Los manipuladores emocionales intentan quitarle poder a la persona jugando con sus debilidades percibidas. Los comentarios abarcan todo, desde el aspecto de la persona hasta su viejo teléfono o sus habilidades. Hacen comentarios sarcásticos y aparentemente divertidos sobre todo, incluido el hecho de que haya llegado 30 segundos tarde.

La idea es hacerle quedar mal y sentirse peor contigo mismo. De este modo, el manipulador trata de ganar dominio psicológico sobre usted, desgraciadamente sin que se dé cuenta (ahora sí, ¿verdad?). El hecho de socavarle hace que se perciba como inferior, lo que automáticamente les da la tan necesaria superioridad psicológica.

12. Los manipuladores emocionales te juzgan y critican constantemente para hacerte sentir inferior. En el ejemplo anterior, vimos cómo los manipuladores utilizan técnicas encubiertas para restarle poder disfrazando sus comentarios

sarcásticos de humor. Sin embargo, en este caso, el manipulador emocional te desprecia, margina, critica y ridiculiza abiertamente en un intento de conseguir una superioridad psicológica sobre ti.

Su premisa es que si le hacen sentir inadecuado y desequilibrado, sus posibilidades de conseguir que haga lo que ellos quieren aumentan. Dejará de creer en sus capacidades, su cordura y su valía, lo que les ayudará a ejercer un mayor control sobre sus pensamientos, emociones y acciones.

El agresor emocional fomentará intencionadamente la sensación de que algo no va bien en usted y que, por mucho que se esfuerce, no será lo suficientemente bueno. De manera significativa, el manipulador emocional enfatizará los puntos débiles sin ofrecer soluciones constructivas o positivas ni ayudarle de manera significativa a superar los aspectos negativos.

13. Los manipuladores emocionales le darán el tratamiento de silencio. Otro arte que los manipuladores emocionales han dominado es el de dar a las personas el tratamiento de silencio para presionarlas a hacer lo que el manipulador quiere. le harán esperar intencionadamente y sembrarán semillas de duda, inseguridad e incertidumbre en su mente. Los manipuladores emocionales utilizan el silencio como palanca para conseguir que haga lo que ellos quieren, manteniéndole emocionalmente privado o inseguro.

Estar en el extremo receptor del tratamiento silencioso es una señal de advertencia de que está tratando con un manipulador emocional. Es un tipo de abuso emocional mediante el cual se demuestra el desprecio a través de actos no verbales como permanecer en silencio o retirar toda comunicación.

El tratamiento silencioso se utiliza como herramienta para incitar a sus víctimas a hacer algo específico o hacerlas sentir inadecuadas por la negativa a reconocer su presencia. Si sus acciones no coinciden con lo que el manipulador quiere que haga, utilizará el tratamiento silencioso para comunicar su decepción y castigar a sus víctimas.

14. Jugar a fingir. Sí, ellos también pueden hacerse los bobos siempre que sea necesario. Fingirán que no entienden lo que quiere exactamente o lo que desea de ellos. Este es uno de los trucos pasivo-agresivos, donde la responsabilidad debería ser de ellos, se convierte en la suya. Así, la carga de lo que es esencialmente su responsabilidad se echa sobre sus hombros. Esto lo suelen utilizar las personas que intentan ocultar algo o evitar una obligación.

A menudo levantan la voz como un tipo de manipulación agresiva con la creencia de que si suenan lo suficientemente intimidantes con su voz, tono y lenguaje corporal, invariablemente se someterá a sus demandas. La voz agresiva se combina a menudo con un lenguaje corporal intimidatorio, como gestos exagerados y la postura de pie, para aumentar el efecto de sus acciones manipuladoras agresivas.

16. Sorpresas negativas como norma. ¡Whoa! ¿No saben estas personas cómo desequilibrarte con sus sorpresas negativas en un intento evidente de obtener una ventaja psicológica sobre ti? De repente aparecerán con alguna información sobre que no pueden hacer algo o cumplir un compromiso como prometieron.

Por lo general, la información negativa se lanza sobre usted sin ninguna advertencia previa para cogerle desprevenido. No le queda tiempo para idear una contra-movida. Los manipuladores emocionales son lobos con piel de cordero y no escatimarán una sola oportunidad para causarte malestar, daño o perjuicio si se interpone.

Capítulo 2: Técnicas de manipulación encubierta

La manipulación socava la capacidad de la víctima para tomar decisiones conscientes y actuar de acuerdo con sus intereses. En su lugar, se convierten en meras marionetas en manos de otra persona. Los manipuladores no valoran los valores, deseos y límites personales de las personas. En pocas palabras, le obligarán a hacer algo que normalmente no haría.

Entonces, ¿cuáles son las tácticas de manipulación encubierta más utilizadas y cómo las detecta en su vida cotidiana? Siga leyendo para descifrar los juegos de manipulación encubierta de la gente. Aunque puede utilizarlas como estrategias de manipulación para conseguir que la gente haga lo que usted quiere, asegúrese de no utilizarlas en exceso o de intentar darles un giro lo más positivo posible.

1. Crear una falsa sensación de intimidad. ¿Se ha dado cuenta de que la gente comparte constantemente información íntima sobre sí misma en las primeras etapas de una relación? Hablarán de su familia, de sus antecedentes y de sus vidas (a menudo se presentan como víctimas como circunstancias) en un intento de ganarse su simpatía, al tiempo que crean una ilusión de intimidad.

2. Introducir a otras personas en el cuadro en un intento de hacerle sentir inseguro. De nuevo, algunas personas siempre

intentan crear una sensación de inseguridad o incomodidad en sus víctimas introduciendo a otras personas en el panorama. Por ejemplo, su pareja puede hablar de encontrarse con una exnovia/novio o un buen amigo para hacerle sentir inseguro.

Por supuesto, no todos los que se reúnen con amigos o exparejas están siendo manipuladores. Sin embargo, los manipuladores encubiertos utilizan constantemente esta táctica de introducir a otras personas en el panorama para desestabilizar a su pareja. Cuando una persona intenta poner a otras personas en su contra para hacerle sentir inadecuado, puede estar seguro de que se trata de una táctica de manipulación encubierta.

3. Otra técnica de manipulación encubierta es el "pie en la puerta", que es bastante fácil de reconocer. Consiste en hacer una pequeña petición a la que la víctima accede, a la que sigue la petición realmente prevista. Es más difícil de rechazar una vez que la víctima dice estar de acuerdo con la petición inicial.

La técnica del pie en la puerta, como su nombre indica, tiene como objetivo meter el pie en la puerta hasta que uno se encuentre cómodamente posicionado o colocado para pedir lo que quiere que haga la otra persona. Se remonta a la época en que los vendedores puerta a puerta colocaban el pie en la puerta para evitar que los posibles compradores se dieran un portazo en la cara. Colocar el pie en la puerta les ofrecía más tiempo para mantener la conversación y, en última instancia, realizar una venta. Esta ingeniosa estrategia de manipulación se utiliza eficazmente en todos los ámbitos, incluso hoy en día.

¿Cómo puede utilizarse eficazmente la estrategia de manipulación del pie en la puerta en el escenario actual?

Es igual de sencillo y eficaz, sólo que ahora está avanzando en la mente de una persona en lugar de en su puerta. Empiece por establecer una relación con la persona. Intente romper el hielo haciendo una pequeña petición. Recuerde que la clave es hacer una pequeña petición que la otra persona pueda cumplir fácilmente. En realidad, lo que está haciendo es meter el pie en la puerta para desarrollar una relación con la persona y conseguir que conceda una petición mayor o real más adelante. Si pide directamente lo que realmente quiere que hagan por usted, es posible que se nieguen. Empiece con una petición que no sea demasiado difícil de cumplir para la otra persona. Vaya al grano poco a poco y con constancia. Pase a la petición real de forma lenta y sutil.

Utilice esta información en su favor formulando seis preguntas en serie a las que es más probable que respondan afirmativamente. La estrategia funciona a nivel subconsciente y merece la pena probarla.

Lanzamos una secuencia de respuestas positivas que hacen casi imposible que la mente subconsciente de la otra persona rechace nuestra petición final. Una vez que la persona inicia un bucle de respuesta a sus peticiones de forma positiva, subconscientemente se hace difícil romper el patrón, y ofrecer de repente una respuesta negativa.

Esta técnica de manipulación y persuasión fue estudiada por primera vez por Fraser y Freeman durante el siglo XX. El objetivo es conseguir que la gente responda o acepte una pequeña y sencilla petición que conduzca a un "sí" mayor. El dúo de psicólogos se dio cuenta de que una vez que la gente accede a una petición aparentemente pequeña, aumentan las posibilidades de que respondan afirmativamente a peticiones mayores. En este ejemplo, Jane consiguió que su madre terminara toda la tarea juntando varias partes de la misma y consiguiendo que aceptara cada una de estas pequeñas tareas o peticiones. Una vez acordada la pequeña petición inicial de crear un boceto para el modelo, Jane pudo conseguir que su madre cumpliera su petición más grande. Este no habría sido el caso si hubiera pedido a su madre que completara todo el proyecto desde el principio.

Al utilizar la estrategia del pie en la puerta, asegúrese de que la petición es lo suficientemente pequeña como para que la gente no responda de forma negativa. Al mismo tiempo, debe ser lo suficientemente importante como para que la otra persona sienta que ha hecho una buena acción al responder a su petición de forma positiva. Haga que la petición sea positiva para que los demás no piensen que no vale la pena cumplirla. Asegúrese de que la petición es algo que la persona estará dispuesta a hacer sin muchas influencias externas como recompensas o presiones.

Si alguien rechaza la petición real, dará la impresión de ser alguien que accede a algo que no tiene intención de hacer. Cuando se opongan a la petición real, rápidamente cambiarás las tornas para aparecer como la parte agraviada. Deja de tratarse de sus exigencias, ya que ahora es usted el perjudicado. El foco de atención se desplaza a sus quejas y ellos se colocan ahora a la defensiva. A veces, las advertencias y la preocupación por su bienestar se ocultan hábilmente como una preocupación. Los manipuladores siempre intentan socavar las elecciones y decisiones de la otra persona en un intento de sacudir su confianza en sí misma o su sentido de la autoestima. Una vez más, esta técnica de manipulación debe utilizarse con suficiente precaución y cuidado.

4. "Serpientes con traje" - En su publicación Serpientes con traje, Robert Hare y Paul Babaik aconsejan que la gente se proteja de los manipuladores que ofrecen cumplidos fuera de lugar y excesivos. Es una gran bandera roja de manipulación.

Concéntrese en lo que sigue. Siga preguntándose, ¿qué quiere exactamente esta persona de mí?

5. Forzar el trabajo en equipo. ¿Se ha dado cuenta de que algunas personas siempre están creando una sensación forzada de espíritu de equipo o de propósito compartido donde no existe? Las frases típicas que utilizan son: "somos un solo equipo", "cómo manejamos esto como equipo", "ya lo hemos hecho", etc. Supuestamente, intentan dar la impresión de que ambos están involucrados en algo como un equipo.

En una situación así, ¿cómo puede saber si la persona le está ayudando de verdad o simplemente intenta manipularle? ¿Siente una extraña sensación de incomodidad al aceptar su ayuda? ¿Son sus palabras congruentes con su lenguaje corporal? (más adelante hablaremos del lenguaje corporal) ¿Le da la persona la opción de rechazar la ayuda? ¿Se toma su negativa con el espíritu adecuado? Si la respuesta es negativa, es posible que esté tratando con un manipulador encubierto, que intenta manipularle bajo la apariencia de ofrecerle ayuda.

6. Primera impresión halagadora. Los manipuladores experimentados suelen causar una primera impresión estelar. Utilizan un montón de características seductoras como modales impecables, aspecto atractivo, sonrisa carismática y cortesía para despistar a sus víctimas sobre sus verdaderas intenciones. Sí, existen más allá de las películas, en las que los estafadores se muestran como esos personajes estereotipados con una personalidad y una lengua deslumbrantes.

Con los manipuladores, lo que aparece a simple vista superficie no es la verdad. Sin embargo, con el tiempo y la observación, se dará cuenta de las grietas en sus máscaras hábilmente usadas. Cuando se vuelve realmente sádico, utiliza el silencio para torturar a sus víctimas. Por ejemplo, un compañero de trabajo habla con todo el mundo en el trabajo pero le ignora o se niega a mantener cualquier conversación con usted.

7. Los manipuladores encubiertos aparentan ser desinteresados manteniendo sus verdaderas intenciones, ambiciones, objetivos y agendas astutamente ocultas. Sus verdaderas intenciones se ocultan bajo el disfraz de una causa desinteresada. Esto es difícil de identificar. Estas son las personas que actuarán como si estuvieran trabajando duro en nombre de otra persona mientras ocultan su verdadera ambición de poder y dominio sobre los demás.

Por ejemplo, un manipulador encubierto dará a su jefe la impresión de que está dispuesto a hacer horas extra de trabajo cuando el jefe está de vacaciones sólo para cumplir su ambición de acabar ocupando el puesto de jefe.

8. Iluminación con gas. El término "luz de gas" como técnica de manipulación encubierta proviene de la obra de teatro del mismo nombre, que posteriormente se adaptó al cine. También se ha utilizado en la literatura y en la investigación psicológica.

9. Racionalización. La racionalización es una técnica mediante la cual el manipulador ofrece alguna forma de justificación para una acción hiriente, ofensiva o inapropiada. Lo que hace que esta técnica sea tan difícil de detectar es que la explicación ofrecida suele tener suficiente sentido para que cualquier individuo razonable se la crea.

La racionalización cumple tres propósitos fundamentales, entre ellos, eliminar la resistencia que los manipuladores puedan tener sobre su acción inapropiada, evitar que los demás les señalen con el dedo y ayudar al manipulador a justificar sus acciones a los ojos de la víctima.

Los manipuladores que utilizan la racionalización suelen comportarse de forma muy afectuosa a veces y luego, de repente, se muestran distantes o fríos. Cuando la víctima se cansa de su comportamiento y se enfrenta a ellos o los evita, lo más probable es que griten o lloren y mencionen cómo han estado deprimidos o disgustados últimamente y cómo es una persona tan mala por enfrentarse a ellos sobre su comportamiento aparentemente inapropiado cuando es usted quien se está comportando insensiblemente.

Te moverán hasta las lágrimas con lo estresante que es su vida, incluso se disculparán por ello a veces. Sin embargo, a los pocos días, repetirán el patrón. Los manipuladores son extraordinarios intérpretes. Pueden interpretar el papel de víctima con facilidad. Pueden fingir emociones, llorar a voluntad, reírse cuando quieren y fingir que están tristes o felices a petición. Examina con atención los actos de las personas que "te quieren" o que siempre intentan ganarse la simpatía.

10. El análisis de los problemas y el desplazamiento de la meta. La diferencia entre la crítica positiva y la crítica negativa/destructiva es que un manipulador vendrá con normas casi impracticables y ataques personales. Estos autoproclamados críticos pretenden ayudar a su desarrollo, cuando en realidad no quieren verle mejorar. Simplemente operan con la intención de criticarle, hundirle y convertirle en un chivo expiatorio de todas las maneras posibles.

Los manipuladores encubiertos son maestros en el arte de "mover los postes de la portería" para asegurarse de que nunca les falten razones para sentirse decepcionados contigo. Incluso cuando presenta pruebas para validar su postura o actúa para cumplir con su petición, se les ocurrirá otra expectativa elevada para que la cumpla o le pedirán más pruebas para validar su argumento. Sí, ¿quién dijo que tratar con manipuladores era fácil?

Por ejemplo, pueden empezar por meterse con usted por no tener una carrera de éxito. Cuando tenga una carrera exitosa, le cuestionarán por no ser aún multimillonario. Cuando esa expectativa se cumpla, le exigirán por qué su vida personal y laboral nunca está equilibrada. Los postes de la meta seguirán cambiando y las expectativas aumentarán en un intento de hacerle sentir incompetente de una u otra manera.

Una de las formas más sencillas de detectar a un manipulador es observar si le inculca constantemente una sensación de indignidad o si siempre le hace sentir que lo que hace nunca es lo suficientemente bueno. Una persona auténtica o constructiva nunca le inducirá una sensación de indignidad. Le señalarán suavemente sus limitaciones y a menudo le sugerirán formas de superarlas. Los manipuladores, por el contrario, nunca ofrecerán sugerencias para ayudarle a superar sus limitaciones.

11. No pedir disculpas. Los manipuladores encubiertos rara vez se disculpan por sus acciones. En su lugar, negarán, mentirán o cambiarán la culpa para evitar aceptar la responsabilidad de su acto. Tenga en cuenta esta técnica de manipulación encubierta examinando si la persona se disculpa y acepta la responsabilidad de sus errores.

Si una persona le hace sentir constantemente que está exagerando las cosas o que reacciona de forma exagerada en lugar de disculparse, lo más probable es que esté tratando con un manipulador encubierto. Los manipuladores tienen una fuerte necesidad de tener la razón, incluso a costa de enmendar la relación. Ocultar las disculpas no es más que otro mecanismo de control para ellos.

12. Sabotaging his success. Una vez tuve un amigo al que su

pareja le hacía sentir constantemente culpable por tener éxito. Él estaba creando un futuro prometedor para ellos y sus futuros hijos, pero ella le hacía sentir constantemente mal por el hecho de que trabajaba tanto y apenas tenía tiempo para ella. Le acusaba de ser egoísta y de pensar sólo en sus objetivos, cuando en realidad estaba construyendo un futuro para su familia.

La sensación de que cuanto más éxito tenga, menos podrán controlarle los lleva a comportarse de forma irracional. Así, le harán sentir miserable por su éxito. A veces, incluso se enfadan sin motivo aparente. Una de sus mayores preocupaciones es que la independencia financiera le dará la capacidad de sobrevivir sin su ayuda. Esta perspectiva puede resultar amenazante para una persona que está acostumbrada a que su amigo o pareja dependa excesivamente de él.

13. Ciclo de miedo y alivio o uso del miedo seguido del alivio. Esta es otra estrategia de manipulación encubierta que se utiliza en una variedad de entornos, popularmente utilizada por los anunciantes, los gerentes de marca y los vendedores para persuadir a su grupo de consumidores objetivo a tomar la acción deseada a favor de sus productos o servicios. ¿Cómo funciona la cadena de miedo y alivio? Básicamente, actúa en un nivel psicológico que hace que todo el proceso sea eficaz.

Esta técnica de manipulación encubierta consiste en jugar con los miedos de la otra persona para conseguir que tome la acción requerida a su favor. Se introduce una sensación de miedo y se le hace pensar en lo peor que puede ocurrir en una determinada situación. A continuación, se ofrece una sensación de alivio. La persona experimentará una gran sensación de alivio y positividad que le ayudará a tomar una decisión rápida para cumplir con su agenda.

Veamos un ejemplo. Comience diciendo algo como: "Cuando

me puse tus pendientes en la fiesta la otra noche, oí un chasquido. Estaba seguro de que el pendiente se había roto. Más tarde, me di cuenta de que, en realidad, mi hermana estaba viendo un vídeo en su tableta. ¿No es gracioso? Eso me recuerda que me puedes prestar esos preciosos pendientes de nuevo para un próximo evento".

¿Qué acaba de hacer? Ha llevado a la persona a través de una curva de miedo seguida de alivio para provocar un rápido cambio en sus emociones a nivel psicológico que le ayude a actuar en la dirección deseada. La otra persona siente un gran alivio al saber que no le ha pasado nada a sus pendientes y que se encuentra en un estado adecuado. Entre en un estado mental más receptivo, flexible y positivo, lo que hace que sea más sencillo para usted conseguir que haga lo que desea.

Comience sembrando semillas de inseguridad y miedo en la otra persona. Haga que imagine lo peor que puede pasar en esa situación. Luego, con sensibilidad, ofrezca una solución o sumérjase en una narración sobre cómo las cosas no eran tan malas como la otra persona pensaba o imaginaba. Una vez que se dé cuenta de que las cosas no son tan desafortunadas como había imaginado, será más fácil lograr que entre en un estado de ánimo más receptivo y agradable. El rápido torbellino de emociones que se produce en la montaña rusa facilita que la otra persona se ponga en un estado de ánimo más positivo una vez que se le ofrece algo de esperanza para combatir su miedo. Esta positividad puede utilizarse para lograr que haga lo que usted desea.

Piense en el impacto que tiene la persona a nivel psicológico. La víctima pasa por un ciclo o patrón de emociones poderosas. El miedo es una emoción enorme que es capaz de hacer que la gente tome muchas acciones rápidas. Sin embargo, debe utilizarse con moderación. Más allá de un punto, si la gente se da cuenta de que simplemente usas el miedo como una herramienta para manipularlos, dejarán de responder a él. El miedo hace que la gente se sienta incómoda y nerviosa. A esto le sigue inmediatamente el positivismo, una enorme sensación de alivio y una esperanza instantánea.

14. Pida mucho y reduzca la escala. Es lo contrario de la técnica del pie en la puerta. En la jerga psicológica, también se conoce como la técnica de la "puerta en la cara". Comience haciendo una petición ridícula e irracional a alguien (que está garantizado que rechazará). Más tarde, vuelve y pide algo mucho más factible y menos ridículo (lo que buscaba en primer lugar).

Puede parecer una locura, pero la idea es hacer que la otra persona se sienta arrepentida de haber rechazado su petición inicial (aunque sea obviamente ridícula). La próxima vez que se le ocurra algo más razonable, la persona se sentirá obligada a cumplirlo. Esto es como la retribución por haber rechazado su petición anterior, y se sienten más obligados a ayudarle a usted que a otra persona. Varias empresas y vendedores utilizan esta técnica para vender a sus clientes.

15 Falsa confianza. De acuerdo, se viste de forma atractiva, tiene un aspecto muy cuidado, lleva los accesorios más elegantes y aún así se pregunta por qué la gente no le escucha, no le sigue o no suscribe sus opiniones.

Lo más probable es que le falte el accesorio más importante: la confianza. Sí, tiene que matar al demonio de la baja confianza si realmente quiere inspirar la fe de los demás. La ropa, los accesorios y el aseo personal sólo pueden llevarle hasta cierto punto.

Uno de los principios más fundamentales de la confianza es que puede fingirla totalmente incluso cuando no la siente. Todo depende de su lenguaje corporal, su voz, sus expresiones y sus gestos (que afortunadamente están bajo su control). Puede fingir ser una persona muy segura de sí misma incluso cuando se sientes como un limón por dentro.

Nuestro lenguaje corporal repercute invariablemente en nuestro estado mental y viceversa. Cuando se actúa con confianza durante mucho tiempo, se acaba confundiendo al cerebro para que crea que, efectivamente, se es una persona muy segura de sí misma. Entonces, el cerebro se reprograma automáticamente y dirige al cuerpo a mostrarse confiado, creyendo que ha metido la pata en alguna parte. Así, lo que empieza como un acto pretencioso, en realidad le lleva a transformarse en un individuo más confiado y seguro de sí mismo.

Tiene que actuar con seguridad y confianza en sí mismo si realmente quiere que la otra persona se crea lo que dice. Si no parece convencido de algo, hay pocas posibilidades de que pueda convencer a los demás. Por lo tanto, la confianza es uno de los accesorios más importantes para un manipulador.

Capítulo 3: Técnicas de manipulación de la PNL

¿Qué es la programación neurolingüística?

La Programación Neurolingüística o PNL, en términos sencillos, es el lenguaje de programación de su mente. Todos hemos tenido casos en los que hemos intentado comunicarnos con alguien que no habla nuestro idioma. ¿El resultado? No nos han entendido.

Va a un restaurante a bordo y pide un filete de lujo pero acaba recibiendo un guiso insípido debido a la mala interpretación del lenguaje y los códigos.

Si está pidiendo a su mente inconsciente un filete y recibiendo un guiso, es hora de hablar su idioma. Piense en la PNL como un manual de usuario para el cerebro. Cuando las personas dominan la PNL, adquieren fluidez en el lenguaje de la mente subconsciente, lo cual es excelente cuando se trata de reprogramar sus pensamientos, ideas y creencias y los de otras personas. Esto les da el poder de influir y persuadir a las personas y, en el lado negativo, incluso de manipularlas.

La Programación Neurolingüística es un conjunto de técnicas, métodos y herramientas para mejorar la comunicación con las capas más profundas de nuestro cerebro. Es un enfoque que combina el desarrollo personal, la psicoterapia y la comunicación. Sus creadores (John Grinder y Richard

Bandler) afirman que existe un fuerte vínculo entre el lenguaje, los patrones de comportamiento y los procesos neurológicos, que puede utilizarse para mejorar el aprendizaje y el desarrollo personal.

Influencia frente a manipulación

Entonces, ¿cree que un martillo es una herramienta de utilidad o de destrucción? Bueno, depende de cómo lo use, ¿no? ¿O de la finalidad con la que lo utilice?

La PNL es poderosa cuando se trata de lograr que la gente haga lo que uno quiere. Es el martillo que se puede usar para clavar un clavo en la pared o destruir un trozo de madera. De la misma manera, la PNL se puede utilizar para construir algo positivo o se puede utilizar con un propósito destructivo (manipulación).

PNL y Manipulación tienen casi el mismo significado. Ambos consisten en generar el efecto deseado en otras personas sin un esfuerzo evidente. Sin embargo, una diferencia clave entre la influencia y la manipulación es que esta última pretende influir en los demás para alcanzar los objetivos egoístas del manipulador a través de medios que pueden ser injustos, ilegales, furtivos o insidiosos. Las cosas se traman con métodos poco limpios para que resulten a favor del manipulador. Un manipulador suele aprovecharse de las inseguridades, los miedos y la culpa de otras personas. A su vez, las víctimas de la manipulación se sienten insatisfechas, frustradas, atrapadas e infelices.

Por el contrario, la influencia es la capacidad de inspirar a las personas de forma admirable, carismática y honorable. A menudo nos inspiran las personas influyentes y aspiramos a modelar nuestra vida según la suya. Hay un sentimiento general de positividad relacionado con ellas, y nos sentimos positivamente impactados en su compañía. No todas las influencias son positivas, por lo que utilizamos términos como "mala influencia" para significar el efecto negativo de una persona sobre nosotros. Sin embargo, la manipulación nunca se clasifica como buena o mala. Siempre opera con motivos siniestros. Esa es la principal diferencia entre la influencia y la manipulación.

La influencia es un arma de doble filo que puede utilizarse de forma positiva y negativa, mientras que la manipulación sólo opera con una perspectiva negativa, estrecha y egoísta para cumplir los objetivos del manipulador.

Al igual que el martillo del que hablábamos antes, la gente puede utilizar la PNL para influir positiva o negativamente en las personas para conseguir sus propios objetivos egoístas (manipulación). La PNL es una herramienta de control mental que puede hacer ambas cosas: construir y dañar. Las técnicas mencionadas aquí pueden ser usadas para detectar a los PNL que le manipulan o para que usted manipule a otras personas. De nuevo - tiene una poderosa herramienta en su poder que puede ser usada constructiva o destructivamente.

¿Cómo se utiliza la PNL para manipular a las personas?

La formación en PNL se realiza en una estructura piramidal, con técnicas sofisticadas reservadas a los seminarios de alto nivel. Es un tema complejo (quién dijo que cualquier cosa relacionada con la mente humana sería alguna vez fácil). Sin embargo, para simplificar un concepto complicado, los NLPers o las personas que practican la PNL prestan una gran atención a las personas con las que trabajan. Observan todo, desde los movimientos de los ojos hasta el enrojecimiento de la piel y la dilatación de las pupilas, para determinar qué tipo de información están procesando las personas.

A través de la observación, los PNL pueden saber qué lado del cerebro es dominante en una persona. Del mismo modo, pueden saber qué sentido es el más activo dentro del cerebro de la persona. Los movimientos oculares pueden determinar cómo su cerebro almacena y utiliza la información. También es fácil descifrar si la persona está afirmando hechos (diciendo la verdad) o inventando hechos (mintiendo) mirando sus movimientos oculares.

Después de recopilar esta valiosa información, el manipulador de PNL reflejará e imitará sutilmente a sus víctimas (incluyendo el habla, el lenguaje corporal, los gestos, los patrones lingüísticos verbales y más) para dar la sensación de ser "uno entre ellos".

Los manipuladores de la PNL fingirán pistas sociales para hacer que sus víctimas bajen la guardia y entren en un estado mental más abierto, receptivo y sugestionable, en el que se preparan para absorber cualquier información que se alimente en su mente. Los manipuladores utilizarán astutamente un lenguaje centrado en los sentidos predominantes de la persona.

Por ejemplo, si una persona se centra en su sentido visual, lo más probable es que el manipulador de PNL lo utilice en su beneficio de forma óptima diciendo algo como: "¿Ves de dónde vengo?", "¿Puedes ver lo que estoy tratando de decirte?" o "¿Lo ves así?". Del mismo modo, si una persona es predominantemente auditiva, el manipulador le hablará utilizando metáforas auditivas como "escúchame una vez Tim" o "te escucho".

Al reflejar el lenguaje corporal y los patrones lingüísticos verbales de su víctima, los expertos en PNL o los manipuladores de PNL intentan lograr un objetivo claro: construir una relación. Como ya se ha dicho, los manipuladores también intentan conseguirlo compartiendo demasiado, demasiado pronto, o construyendo una intimidad temprana. El objetivo es el mismo: establecer una relación con sus víctimas, lo que facilita que éstas bajen la guardia.

Una vez que el manipulador utiliza la PNL para establecer una relación y bajar la guardia de la víctima mediante el uso inteligente del lenguaje corporal y los patrones verbales, la víctima se vuelve más abierta y sugestionable. Se le dan pistas sociales falsas a la víctima para que su mente sea más maleable.

Una vez que han establecido una relación, los manipuladores de la PNL comenzarán a llevar a la víctima a una mayor interacción de manera sublime. Después de haber reflejado a la víctima y haber establecido en la mente subconsciente de la víctima que ellos (el manipulador) son uno de ellos (la víctima), el manipulador aumenta sus posibilidades de conseguir que la víctima haga lo que el manipulador quiere. Cambiará sutilmente su comportamiento y su lenguaje para influir en las acciones de su víctima.

Las técnicas pueden incluir preguntas capciosas, patrones de lenguaje sublimes y una serie de otras técnicas de PNL para maniobrar la mente de la persona hacia donde quiera. La víctima, por otro lado, a menudo no se da cuenta de lo que está ocurriendo. Desde su punto de vista, todo está ocurriendo de forma natural/orgánica o según su consentimiento.

Of course, manipulators (no matter how skilled they are) will not be able to use NLP to get people to behave in a completely abnormal way. However, it can be used to direct people's responses in the desired direction. For example, you cannot convince a fundamentally ethical and truthful person to act dishonestly. However, it can be used to get a person to think in a specific direction or line of thought. Manipulators use NLP to elicit specific responses from a person.

La PNL trata de lograr dos fines, la provocación y el anclaje. La provocación se produce cuando los PNL utilizan el lenguaje y el liderazgo para llevar a sus víctimas a un estado emocional. Una vez conseguido el estado de deseo, el PNL ancla la emoción con una pista física específica, por ejemplo, tocando su hombro. Esto significa simplemente que un PNLer puede invocar la misma emoción en usted tocando su hombro.

Ahora que tiene una idea justa de lo que es la PNL o de cómo los manipuladores pueden utilizarla para someterse, ¿qué puede hacer para protegerse de los manipuladores de la PNL?

Aquí tienes algunos consejos para evitar que los PNL te hagan sus trucos, tan inteligentes como furtivos.

Desconfíe de las personas que imitan su lenguaje corporal. De acuerdo, no lo sabía hasta ahora, pero que la gente imite o copie su lenguaje corporal es una de las mayores señales rojas de que intentan manipularte, influenciarte o persuadirte para que actúes de la manera deseada. Me gusta mucho poner a prueba a estos expertos en PNL utilizando sutiles gestos con las manos y movimientos de las piernas para saber si realmente están reflejando mi lenguaje corporal para establecer una relación.

Si siguen su ejemplo, ¡es mi pista para huir! Los expertos en PNL han dominado el arte del reflejo sutil, lo que significa que puede que ni siquiera se dé cuenta de que están imitando sus acciones. Los principiantes en PNL imitarán al instante exactamente el mismo movimiento en su afán por establecer un sentimiento de unidad, ¡lo cual es una buena manera de que usted llame la atención sobre su farol!

Si buscas una forma de manipular a la gente, el reflejo puede hacer maravillas "La imitación es la mejor forma de adulación". Para hacer que alguien le acepte al instante, sea uno de ellos o, mejor, como ellos. Reflejar las palabras y el comportamiento de alguien es un instinto primordial. Hace que la gente piense rápidamente que forma parte del "clan".

¿Ha visto cómo los vendedores inteligentes suelen repetir las palabras que usted hace o imitar sus gestos sólo para persuadirle suavemente de que les compre? ¿O cómo los influencers hablan "el lenguaje de su gente" sólo para ganarse la confianza de sus seguidores. No hacen más que utilizar la potentísima técnica del mirroring.

Las investigaciones apuntan a que las personas que son imitadas son más propensas a responder de forma más positiva a las personas que las imitan. La forma en que esto funciona a nivel psicológico es que imitar el patrón de comportamiento o las palabras de alguien les hace sentir una sensación de validación. Esta positividad se transmite directamente a la persona que los validó al reflejar su comportamiento. Llegan a asociar a las personas que las reflejan como positivas y simpáticas. ¿No aumenta automáticamente su autoestima y confianza cuando alguien le emula? E invariablemente acaba queriendo a las personas que le admiran.

Esta técnica puede aplicarse en casi cualquier lugar, desde sus empleados hasta sus amigos o su pareja. Cuando escucha a las personas con atención y reformula lo que han dicho en forma de pregunta para confirmar que están en la misma línea, hace que se sientan más cómodas al interactuar consigo. Es más probable que desarrollen sentimientos positivos hacia usted y le escuchen con más atención porque ya ha demostrado que lo que dicen es importante para usted.

2. Confundir con los movimientos de los ojos. Otra forma fantástica de llamar la atención de un manipulador de PNL es

notar si están jugando muy cerca de sus ojos o movimientos oculares. Los usuarios de la PNL suelen examinar a su objetivo o a su víctima con mucho cuidado. Los movimientos de los ojos son escudriñados para medir cómo accede y almacena la información.

De hecho, quieren determinar qué partes del cerebro utiliza para obtener pistas sobre sus pensamientos y sentimientos. Para ello, mueva los ojos por todo el lugar de forma aleatoria. Muévala hacia arriba y hacia abajo o de lado a lado sin un patrón claro. Está despistando a su manipulador de PNL. Haga que parezca natural. Su calibración se irá por el camino.

3. Tenga cuidado con el tacto de las personas. Como hemos mencionado antes, una de las técnicas que utilizan los practicantes de la PNL es el anclaje. Si sabe que una persona practica la PNL y está en un estado emocional especialmente elevado o intenso, no permita que le toquen de ninguna manera. Desvíelos de su curso riendo repentinamente con fuerza o volviendo en un ataque de rabia. Básicamente, les está confundiendo sobre la emoción que necesitan anclar. Incluso si intentan establecer una pista física para invocar ciertas emociones, se quedarán con una mezcla de risa loca, rabia y cualquier otra cosa que hayan hecho.

4. Cuidado con el lenguaje permisivo. El lenguaje típico utilizado por los PNL incluye "estate relajado", "relájate y disfruta de esto" y otras afirmaciones similares. Tenga cuidado con este lenguaje de estilo hipnotizador de la PNL que le induce a un estado de relajación profunda o rastrea para conseguir que piense o actúe de una manera específica. Los manipuladores hábiles o encubiertos rara vez ordenan de manera directa.

Buscarán hábilmente su permiso para darle la impresión de que está haciendo lo que ellos quieren que haga por su propia voluntad (uno de sus muchos trucos siniestros). Si observa a los hipnotizadores experimentados, nunca le ordenarán directamente que haga algo, sino que buscarán su permiso para que parezca que se hace de forma orgánica, con su consentimiento.

Cuidado con las tonterías que no tienen ningún sentido lógico o con las afirmaciones retorcidas/complicadas que no significan nada. Por ejemplo, "A medida que liberes la sensación de estar retenido por sus pensamientos, se encontrará alineado con la voz de tu éxito". ¿Tiene esto algún sentido? Los manipuladores de la PNL no dirán nada a propósito, sino que programarán su estado emocional para llevarlo hacia donde ellos quieran.

Una de las mejores maneras de protegerse contra este tipo de manipulación inducida por el hipnotismo y la PNL es instar al manipulador a ser más específico. ¿Puede ser más claro al respecto? ¿Puede especificar exactamente lo que quiere decir? No sólo interrumpirá su técnica astutamente establecida, sino que también forzará la interacción con un lenguaje preciso, rompiendo así el trance provocado por las palabras y frases ambiguas.

6. No acepte nada rápidamente. Si se ve obligado a tomar una decisión instantánea sobre algo importante y siente que le dirigen en una dirección concreta, escape de la situación. Espere un día para tomar una decisión. No se deje arrastrar o llevar a tomar una decisión que no quiere tomar por impulso. Los profesionales de las ventas son expertos en manipular a los compradores para que compren algo que no necesitan utilizando tácticas de manipulación y PNL. Cuando alguien le apresura a tomar una decisión, debería ser una señal de advertencia para que se eche atrás y espere hasta que haya reflexionado más sobre la situación.

Capítulo 4: Persuadir e influir en las personas

La gratitud es otra gran cualidad de influenciador/modelo de rol. Los manipuladores e influenciadores eficientes conocen el poder del simple agradecimiento para canalizar a las personas en la dirección correcta. Un simple gesto como dar las gracias a la gente, apreciar el esfuerzo que han puesto en un proyecto o elogiar públicamente sus habilidades, contribuye en gran medida a inspirar su lealtad hacia usted.

Siempre elija reconocer el trabajo o los esfuerzos de los demás y concéntrese en elevarlos como modelos brillantes de conducta para los demás. Pocas cosas elevan la moral de una persona como ser presentada como un ejemplo brillante. Esto no solo hace que la persona se sienta maravillosa, sino que también le ayuda a reforzar lo que es correcto hacer. Todo el mundo quiere ser apreciado y valorado y, por lo tanto, se sentirá motivado para hacer las cosas como se deben hacer. Una vez que una persona se da cuenta de que le agradece algo, seguirá haciéndolo aún más.

Otro consejo que puede convertirte en un magnífico manipulador, influenciador y persuasor es la capacidad de ayudar a la gente a salvar la cara en una situación potencialmente embarazosa o incómoda. La persona se sentirá en deuda contigo de por vida. Sentirá una profunda gratitud por haberle ayudado a salir de una situación complicada, lo que a su vez le inspirará una lealtad inquebrantable.

Puede ayudar a desviar la atención del error de la persona. Por ejemplo, si alguien dice algo que no debería haber dicho por error o por accidente, cambie rápidamente de tema antes de que nadie se dé cuenta o haga como si no hubiera pasado nada.

Como influenciador o manipulador, está mostrando a la gente que se preocupa lo suficiente por ellos como para encubrir pequeñas vergüenzas o faltas. Sin embargo, no deje que la gente se aproveche de su amabilidad. Asegúrese de que la persona sea informada asertivamente en privado (si se trata de un asunto potencialmente importante) de que no mostrará una indulgencia similar si se trata de una infracción habitual.

Train and guide people instead of humiliating them. If you detect a sincere effort to change, help them change. Work together on strategies that can help them achieve their goals.

Relájese

Los comportamientos relajados, racionales y constantes tienen más probabilidades de lograr el éxito influyendo en la gente que los enfoques emocionales, volátiles y exigentes. Ser ecuánime e imperturbable puede hacerle ganar más adeptos que una actitud irracionalmente dogmática.

La gente tiende a escucharle mejor cuando habla despacio, de forma relajada y seguro de sí mismo. Si se pones a despotricar y a insultar, seguro que pierde el respeto con el paso del tiempo. Los influencers rara vez muestran reacciones emocionales extremas. Exudan una seguridad natural en sí mismos que, en última instancia, les ayuda a influir en los demás sobre sus ideas.

Si realmente quiere que la gente le escuche, evite dar órdenes. Eso le hace parecer muy prepotente e irrespetuoso. En cambio, cuando demuestras que realmente le importan las aportaciones de los demás, es más probable que la gente responda a su petición. Se sentirán menospreciados y harán exactamente lo contrario de lo que les pides.

En su lugar, haga peticiones educadas y respetuosas. Utilice la palabra "por favor" siempre que pueda. En lugar de ordenar a una persona que realice una llamada de ventas al aire libre durante el día, puede decir algo como: "¿No hace un día precioso fuera hoy? ¿No sería un buen día para hacer su llamada de ventas al aire libre? Es poco probable que la persona se niegue. Pídalo de una manera que a la gente le resulte difícil de rechazar."

Preste atención a su lenguaje corporal.

¿Sabía que el lenguaje corporal representa el 55% del proceso de comunicación? ¿Y que el tono de su voz supone un 38 por ciento de toda la comunicación? Esto significa simplemente que la comunicación no verbal es más importante que lo que habla o la comunicación verbal.

No se reduce a lo que dice, sino también a cómo lo dice o a la forma en que comunica algo. Todo, desde los gestos hasta la postura y la expresión de los ojos, influye en el mensaje que se intenta transmitir. Por ejemplo, cuando una persona tiene una expresión estoica en la cara y cruza los brazos sobre el pecho, sabe que le está hablando de forma acusadora. Sin embargo, una voz más calmada, unos brazos y piernas sin cruzar y un lenguaje corporal generalmente relajado harán que la otra persona se sienta más tranquila. Es probable que se ponga menos a la defensiva y sea más receptiva al mensaje.

Aquí tienes algunos consejos para mantener un lenguaje corporal positivo. Mire de frente a la persona mientras le habla. Mantenga el contacto visual sin mirar fijamente y sin hacer que la otra persona se sienta incómoda. Está bien cambiar la mirada de vez en cuando. No se mueva ni de golpecitos con los dedos o los pies. Puede dar a su amigo la impresión de que no le interesa lo que está diciendo. Uno de los mejores consejos para revelar su interés en la otra persona o en lo que está diciendo es inclinarse en su dirección. Mantenga su lenguaje corporal menos rígido y muéstrese relajado o cómodo.

El lenguaje corporal es un componente integral de su persona como manipulador e influenciador. El tono de voz, las expresiones, los gestos, la forma de caminar, la postura y otras pistas no verbales son determinantes a la hora de conseguir que la gente haga lo que tú quieres.

Siempre mantenga un tono de voz asertivo, firme, decidido y bajo. Los estudios han revelado que hablar con la gente en tonos bajos tranquilizadores y reconfortantes hace que sean más eficientes. Esto no implica en absoluto que no debas tener una voz fuerte, segura y naturalmente confiada que demuestre que va en serio. Pero no vaya por ahí hablando en tono alto todo el tiempo para afirmar su autoridad si quiere que la gente le tome en serio. Hable siempre despacio y haga pausas efectivas para reforzar la autoridad. Parecerá menos autoritario si habla rápido sin salpicar su discurso con pausas impactantes.

El apretón de manos de un influenciador y manipulador es firme sin ser intimidante y apretado. Su objetivo debe ser asegurar a la gente en lugar de establecer un statu quo con su apretón de manos. No recurra a un apretón de manos flojo utilizando sólo las puntas de los dedos de la mano. Utilice toda la mano. Tiene una sola oportunidad de crear una primera impresión poderosa, y su apretón de manos puede causar un impacto instantáneo.

¿Sabía que la gente se apodera de usted y forma una opinión de su persona en los 4 segundos iniciales de su primera interacción con ellos? Haga que cada segundo cuente. Un apretón de manos firme transmite confianza, afabilidad y positividad. Simboliza la unión de dos poderes que pueden unirse para crear algo formidable. Las personas influyentes siempre dan la mano de una manera que transmite su fuerza y control.

No utilice gestos aleatorios, distraídos o nerviosos al dirigirse a su grupo. Utilice gestos que complementen la comunicación verbal. Por ejemplo, si está hablando de un trabajo bien hecho o de un agradecimiento dirigido a su empresa, utilice el gesto del pulgar hacia arriba. Estos gestos apoyan su discurso y crean una impresión memorable en la mente de los seguidores.

Siempre mantenga una postura poderosa. Los influenciadores fuertes comunican confianza, seguridad en sí mismos y fuerza de forma muy sutil a través de su postura. Mantenga su postura extendida y abierta para proyectar transparencia, confianza y poder. La cabeza debe estar recta. Mantenga un contacto visual ininterrumpido mientras habla con la gente. No se olvide de sonreír.

Los gestos de ansiedad, como tirarse del cuello de la camisa o levantarse el pelo, indican un cúmulo de energía nerviosa, lo que no contribuye a asegurar a los seguidores en una crisis. Los empleados esperan que las personas influyentes estén tranquilas y controlen la situación cuando están nerviosas. Si detectan nerviosismo en su lenguaje corporal, también tienden a perder la confianza. Mantenga su lenguaje corporal calmado, frío y tranquilo para restablecer la seguridad. Esto reconforta a los seguidores y facilita la colaboración.

Desarrollar un estilo de comunicación impresionante

Cada persona tiene sus propias preferencias y estilos de comunicación a la hora de transmitir sus ideas, pensamientos y conceptos. Si quiere tener una posición más dominante o quiere que los demás le vean como una persona influyente, desarrolle un estilo de comunicación único. ¿Cuál es su principal medio de comunicación? ¿Pone más énfasis en la comunicación verbal o no verbal?

En una ocasión, una formadora me dijo que le encantaba la forma en que gesticulaba con las manos mientras hacía una presentación. Añadía más impacto al mensaje y lo hacía aún más eficaz. A partir de entonces, empecé a incorporar conscientemente estos poderosos gestos con las manos en mi presentación para darle más fuerza, lo que realmente me funcionó. ¿Cuál es su USP de comunicación? Si se le dan bien las palabras, aproveche. Si tiene una cara más expresiva o animada, comuníquese a través de las expresiones.

Descubra sus propias preferencias de comunicación. Yo soy una persona que hace ojitos, así que puedo comunicarme fácilmente a través de mis ojos si no estoy satisfecha con algo. Haga un balance de sus puntos fuertes y débiles y de sus estilos de comunicación. No siempre tiene que seguir los pasos de los demás en lo que respecta a la comunicación. Póngase delante de un espejo y observe su estilo de comunicación. Preste atención a sus gestos, su voz, sus expresiones, su ton... ¿Cómo se comunica con la otra persona? ¿Qué palabras y frases utiliza con frecuencia? ¿Su estilo de comunicación anima a la gente a escuchar o a desconectar? ¿Su lenguaje es positivo o negativo?

Identificar una base común sólida

Cuando veas que la gente se desentiende de la conversación o no responde favorablemente a lo que dices, cambia de tema. Encuentra un punto en común entre tú y la otra persona para establecer un nivel de comodidad. Los vendedores utilizan esta técnica de comunicación todo el tiempo. Están entrenados en el arte de crear una relación con los clientes potenciales.

Busque pistas hasta que encuentre algún punto en común. Entable una conversación con la persona sobre el tema durante un rato hasta que se descongele. Haga que se sientan cómodos y luego vuelve al tema inicial. Estarán más receptivos y abiertos a lo que dice. A menudo nos rendimos cuando nos damos cuenta de que la otra persona no está respondiendo o reaccionando favorablemente a lo que estamos diciendo. Sin embargo, los comunicadores poderosos son capaces de encontrar rápidamente una conexión a través de un hilo conductor y hacer que la otra persona se relacione con ellos de una manera más positiva.

Di las cosas en el momento adecuado.

This is one of the most important points when communicating with people in a professional setting. Sometimes, the problem with communication is not how something is said, but simply when it is said. If you have an issue with someone at work, address them directly instead of letting everyone in the workplace know. Likewise, everyone has their off days and bad moments. Show more empathy towards people by understanding them. We all get stressed and have our share of unproductive or inefficient days. It's okay to reach out to people and be understanding when it's clear they are going through a tough time.

No debería haber lugar para el dramatismo en un entorno profesional. Asegúrese de elogiar a las personas públicamente cuando hayan hecho algo maravilloso y de criticarlas personalmente. Conozco a una persona influyente en las redes sociales que es muy popular y querida en su comunidad porque elogia públicamente a las personas. Siempre destaca sus aspectos positivos y reconoce públicamente su fuerza.

Sin embargo, cuando algo no sale como estaba previsto o los resultados no están a la altura, llama a su personal al interior de la cabina y mantiene una conversación individual con ellos. Nadie se entera de la conversación que comparte con sus asistentes. Esto hace que su aura sea muy positiva e inspiradora. Ni que decir tiene que la gente se toma en serio su palabra y la escucha.

De la misma manera, mantenga un lenguaje corporal poderoso y positivo mientras se comunica con la gente. Por ejemplo, mantenga el contacto visual para demostrar que le interesa o respeta lo que le están diciendo. Sea más consciente y atento a su lenguaje corporal mientras se comunica con la gente. Imagine que un compañero de trabajo le está expresando sus preocupaciones y usted coloca la barbilla sobre la mano mientras pone los ojos en blanco periódicamente mientras le escucha. ¿Qué señal les está enviando? Que no le importa nada lo que están diciendo o que está completamente aburrido.

Utilice siempre un lenguaje que resuene con su gente. Si está tratando con un grupo de becarios, evite utilizar una jerga demasiado técnica que no entiendan o con la que no se identifiquen. Puede que se sientan identificados con una jerga ligeramente más desenfadada y milenaria. Del mismo modo, si se dirige a un grupo de altos directivos, puede que tenga que recurrir a un lenguaje más técnico y profesional que resuene con ellos.

La jerga técnica innecesaria puede complicar o confundir a la gente. Es posible que no pueda impartir la información con eficacia o transmitir sus ideas de manera impactante. Utilice un lenguaje que provoque un mayor compromiso y debate. El objetivo principal de la comunicación debe ser comunicar su punto de vista de forma convincente, no pasar por listo.

Utilice la técnica del sándwich

La técnica del sándwich no puede calificarse realmente como una técnica altamente manipuladora. Sin embargo, es eficaz porque le ayuda a conseguir que la otra persona haga lo que usted quiere utilizando la carta de la diplomacia. Se trata de uno de los métodos más poderosos cuando se trata de comunicar algo complicado y potencialmente ofensivo a su pareja. El método consiste en intercalar una afirmación potencialmente negativa u ofensiva entre un par de afirmaciones positivas.

No lance una bomba a su pareja lanzando acusaciones de la nada. Utilice siempre señales o indicadores para avisar de algo, de modo que la persona esté preparada para ello y no se vea sorprendida. Si tiene una preocupación genuina que quiere que escuche, empiece la conversación con algo como: "Quiero quitarme esto de encima" o "Me vendría bien que me aseguraran que...". De este modo, su interlocutor se da cuenta de que no le está acusando realmente, sino que sólo necesita que le tranquilicen y le escuchen.

Practicar la escucha activa

De nuevo, la comunicación consiste tanto o más en escuchar que en hablar. Se trata de permitir que su otra mitad sepa que está 100% atento e interesado en lo que está hablando.

Puede ser en forma de varias pistas verbales y no verbales, como el contacto visual, el reconocimiento de lo que están diciendo, el parafraseo de lo que han dicho (para demostrar que ha estado escuchando con atención y quiere entenderlo correctamente) y mucho más. No mire el teléfono o el periódico mientras su interlocutor está hablando. Hágale saber que tiene toda su atención.

Resista el impulso de interrumpir a su interlocutor mientras habla. Manténgase centrado, interesado y atento. Conocí a un amigo que solía interrumpir para dar consejos a su mujer cada vez que ésta exponía sus quejas en el trabajo. Muchos hombres lo hacen, y en realidad no es culpa suya.

Simplemente están conectados para arreglar todo desde los tiempos primitivos. Una mujer puede querer simplemente hablar con su corazón para sentirse más ligera. Puede que no busque necesariamente consejos, orientación o sugerencias. Sin embargo, el hombre se cree su caballero de brillante armadura y empieza a ofrecerle soluciones inmediatas. Esto también puede ocurrir a veces con las mujeres. Resiste el impulso de ofrecer soluciones y céntrate en escuchar a su pareja.

Cuando terminen de hablar, podrás averiguar si están pidiendo consejo. No se precipite a dar su opinión cuando todavía estén hablando. Deje que terminen antes de dar un consejo.

Mire a su pareja mientras habla y responda de vez en cuando con un movimiento de cabeza o con pistas verbales como "u-huh", "ya veo" y "hmm". Haga un tiempo de conversación diario reservado sólo para usted y su pareja. Puede ser durante el desayuno o la cena o justo antes de irse a la cama. Respete la necesidad de la otra persona de hablar o incluso de permanecer en silencio. A veces, la persona puede no querer hablar, lo cual también está bien. Puede entablar una conversación cuando se sienta más preparada o con más energía para ello.

Aunque no esté de acuerdo con lo que dice, aguante un rato. Haga que la comunicación honesta y abierta sea su principal objetivo para conseguir una relación más gratificante y satisfactoria.

Preste atención al mensaje general

Reflexione sobre el mensaje que su pareja ha transmitido a través de sus palabras, en lugar de limitarse a captar algunas palabras aquí y allá. Compruebe con ellos si realmente entiende sus sentimientos. Puede comprobarlo de la siguiente forma: "Cariño, lo que entiendo de lo que dices es" o "Si lo he entendido bien, creo que te sientes....".

Por mucho que lo deteste, conocer e interactuar con extraños es una parte integral e ineludible de su vida. En nuestro día a día nos cruzamos con personas que no conocemos de nada. La buena noticia es que existen algunos trucos inteligentes para caerle bien a los desconocidos.

These are my favorite tips when it comes to influencing and manipulating strangers.

Utilizar su nombre varias veces

Los desconocidos no esperan realmente que utilice sus nombres en cuanto se presentan a usted o se los presenta una tercera persona. Además, la gente está predispuesta a adorar el dulce sonido de sus nombres (el narcisismo se paga). Una vez que conozca el nombre de alguien, utilícelo unas cuantas veces durante la conversación de forma natural.

No exagere o parecerá falso. Siempre me doy cuenta de que cuando me dirijo a los representantes del servicio de atención al cliente con sus nombres unas cuantas veces durante la llamada, se muestran aún más dispuestos a ayudar. La persona invariablemente siente una sensación de conexión o amistad hacia usted. Las gélidas vibraciones de ser extraños se descongelan un poco y él/ella se vuelve más familiar cuando se dirige a usted por su nombre.

Además, cuando repite el nombre de una persona más de una vez, las posibilidades de recordarlo aumentan. Esto puede ahorrarle la vergüenza de olvidar nombres (y enterrar definitivamente sus posibilidades de caerle bien a la persona).

Sonreír y mantener el contacto visual

La sonrisa es una expresión universal de vinculación o apertura a alguien. Ofrece a los desconocidos una sonrisa genuina y cálida para aumentar la sensación de familiaridad. Le hace parecer más accesible, amigable y simpático. Además, establece un tono más positivo para futuras interacciones. El pequeño acto de sonreír hace que el cerebro libere hormonas químicas que le hacen sentir más feliz como persona. De este modo, entrará en una interacción sintiéndose más amable, más feliz y positivo, lo que invariablemente le hace más simpático.

El contacto visual es una expresión universal o una señal de confianza, transparencia, honestidad y autenticidad. Más del 50 por ciento de nuestra comunicación se produce visualmente. Por eso, mirar a los ojos de una persona le da un impulso de familiaridad inmediato. ¿Quiere dar la impresión de estar seguro de sí mismo sin rayar en lo espeluznante? Mantenga una proporción saludable de 60:40.

Utilizar la inclinación de la cabeza

El título de la cabeza es una magnífica forma no verbal de comunicar su interés por un desconocido o de caerle bien a un desconocido. Basta con inclinar la cabeza hacia un lado u otro. Esto comunica subconscientemente a la otra persona que no es una amenaza para ella porque está exponiendo su arteria carótida. Es la arteria principal que suministra sangre al cerebro, y cualquier daño a esta arteria puede conducir a la muerte instantánea o a un daño cerebral permanente. Al exponer esta región de su cuerpo, está indicando al desconocido que ni él es una amenaza para usted ni viceversa. De forma no verbal, está sentando las bases para una relación no amenazante.

Utilizar declaraciones empáticas

Las afirmaciones empáticas ayudan a mantener el foco de atención en la otra persona, lo que hace que usted resulte más simpático. En general, a las personas les gusta que la atención se centre en ellas mismas y no en los demás. Se sienten muy bien cuando son el centro de atención. No repitas sus afirmaciones, ya que puede parecer paternalista o condescendiente. Reformule lo que han dicho manteniendo el foco en ellos. La fórmula estándar para crear declaraciones empáticas debería ser: "Así que, lo que sientes o estás diciendo es ....."

Esto los convierte inmediatamente en el centro de la conversación. Algo así como: "Entiendo cómo te sientes". La idea es que la otra persona sea siempre el centro de la conversación. Esta fórmula básica rara vez falla cuando se trata de caer bien a los desconocidos.

Pedir favores

Sé que esto parece divertido e incluso contraintuitivo. Es decir, si le pide un favor a alguien y lo cumple, le caerá bien, ¿verdad? Sin embargo, Ben Franklin se dio cuenta de que cada vez que pedía un favor a sus compañeros de trabajo, les caía mejor que cuando no pedía favores. Esto también puede funcionar con los desconocidos cuando se trata de romper el hielo y abrir a la gente hacia usted. "Oh, tú trabajas para la empresa XYZ, y me gustaría que me dieras los datos de contacto del director de marketing para una asociación de marcas o un acuerdo. Sería muy amable si pudieras ayudarme con sus datos de contacto".

Mantenga su lenguaje corporal abierto y accesible

¿Sabías que los desconocidos se forman una impresión sobre ti en los primeros cuatro segundos de haberte visto o conocido? Los primeros cuatro segundos son cruciales a la hora de formarse una impresión de los desconocidos. Esto significa que la persona se formará una opinión sobre ti incluso antes de que tú digas nada. En estos casos, la responsabilidad recae en tus señales no verbales o en tu lenguaje corporal. Mantén tu lenguaje corporal relajado y abierto.

Por supuesto, las acciones hablan más que las palabras. Funcionan a un nivel muy subconsciente y primordial. Mantenga sus gestos, postura, expresiones, movimientos de piernas, etc. más accesibles. Esto puede ayudar a determinar a nivel subconsciente si los desconocidos le ven como una persona abierta y receptiva. Su lenguaje corporal determinará si le gusta a una persona o no, independientemente de lo que diga.

Mantenga las palmas de las manos y los brazos abiertos si quiere parecer una persona más accesible y receptiva. Las piernas deben estar más abiertas y el torso y la cabeza deben apuntar en dirección a la persona con la que se está comunicando. Se añaden puntos por mantener el contacto visual. La gesticulación consiste en utilizar las manos para añadir más significado o expresión a su mensaje verbal. Por ejemplo, señalar con el dedo para enfatizar una palabra o frase.

Esto le hace más simpático a los desconocidos, ya que da la impresión de ser alguien con mucha energía, expresión y entusiasmo. Se percibe como una persona más expresiva, animada y elocuente. La gente responde más positivamente a las personas que son animadas en sus gestos.

Ofrezca cumplidos sinceros y específicos

A esto, pueden responder que lo compraron en Londres mientras estaban de vacaciones allí. Bingo! Esto le da la oportunidad de hablar de sus vacaciones en Inglaterra. De este modo, provocará un recuerdo feliz, lo que hace que les guste. ¿A quién no le gustan los cumplidos sinceros? Un consejo profesional a la hora de hacer cumplidos es que sean específicos para que suenen auténticos.

En lugar de decirle a alguien lo maravilloso que es su traje, puede decir que el corte le queda magnífico o que le encanta cómo le queda el atuendo. Del mismo modo, en lugar de decirle a alguien que es un buen orador, escoja trozos de la conversación que realmente le hayan gustado. Otro favorito es, en lugar de decir "eres preciosa" o "tienes unos ojos preciosos", decir algo como "el color de tus ojos es precioso" o "tienes unos ojos muy conmovedores". Empieza con una sonrisa cálida, mantén el contacto visual y luego elogia sus ojos. Funciona de maravilla.

Aplauda el humor que han utilizado en el discurso o su potente vocabulario. Hacer el cumplido de forma específica le hace parecer más genuino que un simple halago. Los elogios son una forma estupenda de ganarse la simpatía de los desconocidos.

Hacer reír a la gente

De todos los consejos de comunicación que doy a la gente, éste probablemente encabeza la lista cuando se trata de romper el hielo con desconocidos. La gente le adorará si les hace reír. No es ningún secreto que los vendedores que hacen reír a sus clientes potenciales obtienen altas cifras de ventas o los representantes de atención al cliente que hacen reír a los clientes obtienen altas puntuaciones de satisfacción.

Asegúrese de no hacer chistes ofensivos ni recurrir al humor relacionado con temas delicados como la religión, el racismo, etc. Mantenga la limpieza, la inteligencia, la sencillez y la salud. La gente suele estar estresada, agotada y aburrida de su rutina diaria. Cuando recurre al humor, les aligera el día haciéndoles reír. Les da un respiro de una existencia mundana, lo que le hace entrañable para ellos. Si le dicen que tienen un día difícil o que han llegado tarde al trabajo, dele un toque más desenfadado. Esto transformará su estado de ánimo hosco y les hará más receptivos a una conversación.

Algunas de mis personas favoritas en el mundo son las que me hacen reír, y no es muy diferente para la mayoría de la gente.

Evite enfadarse

Había un niño pequeño con bastante mal genio. Su padre le dio una bolsa de clavos y le pidió que clavara un clavo en la valla cada vez que el niño perdiera la calma. El primer día, el niño clavó 37 clavos en la valla. Poco a poco, el número de clavos perforados en la valla se fue reduciendo. El chico descubrió que era más fácil contener su ira que pasar por todo el proceso de clavar clavos en la valla.

Un día, el niño no perdió los nervios ni una sola vez. Fue y se lo contó a su padre con orgullo. El padre le pidió entonces que le quitara una uña por cada día que lograra controlar su temperamento. Pasaron varios días y todos los clavos habían desaparecido. El padre le cogió de la mano y le llevó a la valla. Le dijo: "Lo has hecho bien, hijo. Sin embargo, mira los agujeros que han quedado. La valla nunca volverá a ser la misma. Cuando se dicen cosas con rabia, se dejan cicatrices permanentes. No importa cuántas veces sientas o digas que lo sientes, la herida es para siempre".

No vale la pena ser un Adolf Hitler moderno. Las reprimendas duras pueden hacer que la gente actúe por miedo a corto plazo. Sin embargo, será menos eficaz a largo plazo, debido a la reducción de la moral del equipo, la baja motivación y la inexistencia de un propósito superior para lograr el objetivo. Sea paciente y tolerante con las debilidades de las personas. En lugar de enfadarse, vea cómo puede ayudarles a superar esos defectos para aumentar la productividad.

Me viene a la mente la famosa cita maquiavélica "Y aquí viene la cuestión de si es mejor ser amado que temido o temido que amado". Aunque lo ideal es un equilibrio entre ambas cosas, el amor puede ayudar a ganar una lealtad feroz, compañerismo y fe. Hace que los seguidores estén intrínsecamente motivados para dar lo mejor de sí mismos y evitar defraudar a su influenciador. Esto puede ser mucho más potente que las recompensas físicas o las represalias.

Puede que creas que el miedo es más potente y estable a la hora de realizar las tareas. Sin embargo, también puede conducir a la corrupción y a medios poco escrupulosos en los que las personas tratan de torcer el sistema para evitar la reprimenda. En lugar de actuar con un sentido de lealtad interna, simplemente hacen cosas para evitar el castigo o la ira de su persona de influencia, lo que puede llevarles a utilizar medios poco éticos.

Por ejemplo, Adolf Hitler. Era alguien que no dirigía más que por el miedo. Ascendió al poder rápidamente inculcando una sensación de miedo a sus seguidores. La gente no tenía más remedio que obedecer. ¿Cuáles fueron los resultados? Devastadores, por decir lo menos.

Consolar a la gente cuando comete errores y generar confianza

Sé siempre una fuente de consuelo para las personas cuando quieras que realicen una acción o piensen de una manera determinada. Las personas deben poder sentirse seguras y reconfortadas en las horas más sombrías. No sea una fuente de depresión, negatividad, miseria y desánimo de sus seguidores. ¿Cómo afrontas las situaciones en las que su cónyuge, sus empleados, sus hijos y otras personas cercanas le decepcionan? ¿Reacciona inmediatamente y causa aún más daño a la situación ya volátil? Puede que esa no sea la mejor manera de afrontar la situación.

Consolar a las personas cuando se equivocan o le decepcionan ayuda a que se arrepientan del error en lugar de ponerse a la defensiva. Si se lanza a la ofensiva, prepárese para aceptar un camión de excusas y defensas. En lugar de culpar a las personas o acusarlas, intente ganarse su confianza haciéndoles entrar en razón. Los manipuladores saben cómo perdonar a la gente o pasar por alto sus faltas y, posteriormente, utilizar este perdón como palanca para generar confianza y conseguir que la otra persona realice la acción deseada o piense de una determinada manera.

Veamos un ejemplo. Un empleado por lo demás brillante, Rick, ha sido bastante decepcionante en su último proyecto. En lugar de menospreciarle por su dejadez, intente reconfortarle para que entienda qué es lo que realmente le ha llevado a esta inverosímil situación. Pregúntale a Rick si hay algo que puedas hacer para ayudarle. Intente averiguar si algo ha cambiado en los últimos días o si su moral está baja.

Acusar y reprender a la gente puede no llevarte muy lejos. Puede que no llegues a la raíz del problema. El miedo no fomenta las conversaciones constructivas. Supongamos que

Rick ha hecho un nuevo grupo de amigos, que beben en el bar local hasta altas horas de la noche todos los días, lo que le ha llevado a no poder dedicar suficiente tiempo al trabajo. Es posible que no lo comparta con usted si considera que su enfoque es condescendiente y crítico. Una vez identificado el problema, podrían trabajar juntos para resolverlo. Sin embargo, para concretar el problema, tiene que ser una persona accesible, que le dé seguridad y le reconforte.

Descarte los rencores y sea positivo

Como manipulador o influenciador, es fundamental marcar el ritmo de una cultura organizativa más inclusiva que se nutra del progreso, la positividad y el perdón por encima de las mordidas, la venganza y las palabras sueltas que pueden obstaculizar la productividad. Dado que los influenciadores operan en el punto focal de las relaciones humanas, cada uno de sus movimientos debe estar dirigido a dar un ejemplo de generosidad y perdón.

Reflexione y recuérdese a sí mismo que guardar rencor o malos sentimientos contra la gente genera negatividad en su interior y ayuda inconscientemente a la otra persona a detectarla. Absorbe su energía y puede conducir a acciones irracionales o negativas. Le quita el foco a los objetivos productivos. Póngase en el lugar de otra persona. Imagínese en su lugar para intentar comprender qué le llevó a comportarse de esa manera sin juzgar duramente sus acciones. No es necesario que respalde o esté de acuerdo con sus acciones. Intente ver de dónde vienen. Una vez que les muestre una comprensión inesperada, se sentirán en deuda con usted. Esto puede ser aprovechado más tarde para conseguir que realicen la acción deseada.

En lugar de guardar rencor y buscar venganza, hable con la persona honestamente sobre cómo se sintió y acabe con ello.

Se sentirá mejor y menos propenso a albergar rencores después de expresarse. Perdonar y olvidar el acto necesita un cierre. No se dirija a las personas con rabia, y al mismo tiempo libérese de guardar cualquier tipo de rencor hacia ellas. Además, no sirve de nada hablar a la gente en la cara y guardar rencor contra ellos en su interior. Deshágase de todos los malos sentimientos interna y externamente. Muestre compasión, hable con dulzura, intente comprender qué ha llevado a las personas a comportarse como lo han hecho y perdónelas por dentro.

Una de las mejores estrategias para descartar los rencores es llegar a algún tipo de entendimiento con una persona o grupo de personas. Consiga una garantía clara de que las personas no repetirán sus acciones. Esto le ayudará gradualmente a restablecer la confianza y a eliminar los rencores.

El perdón no le hace menos influyente. No implica que no esté operando desde una posición de poder o renunciando a su papel dominante. Simplemente significa que es lo suficientemente sabio como para dejar de lado las emociones negativas y centrarse en la positividad para aumentar la productividad de la organización.

Ser positivo es el grupo sanguíneo de todos los influencers. Hablando más en serio, todo el mundo tiene algunas características positivas y negativas. Si ha encontrado el ser perfecto, probablemente exista en otro planeta. Los grandes influenciadores, persuasores y manipuladores conocen el valor de cultivar una cultura que fomente los errores de los empleados como forma de aprendizaje y crecimiento. Aunque esto suena abiertamente optimista, a la larga conduce a menos errores. Todos los fracasos pueden incluir algún tipo de aprendizaje.

En lugar de centrarse en los puntos débiles de sus empleados, intente destacar sus puntos fuertes incluso cuando se refiera a sus errores. Esto da un poderoso giro positivo al proceso de evaluación de su acción. Veamos un ejemplo. Una empleada, Ann, carece de habilidades de gestión del tiempo, por lo que se ha saltado un par de plazos. Sin embargo, es muy buena investigadora.

Empieza diciéndole lo maravillosamente bien investigado que está el proyecto y el mayor aprecio que era capaz de obtener si se hubiera entregado a tiempo. Esto no hace que los miembros de su equipo se sientan devaluados o desmotivados. Estarán más motivados y decididos a aprender de su error en el futuro. El mero hecho de resaltar los aspectos negativos hace que la moral del empleado caiga en picado.

Un consejo sólido para ganarse la lealtad y la fidelidad de la gente es ser bueno con ellos cuando menos lo esperan. La gente asume automáticamente reacciones duras de los influencers cuando cometen errores. Sin embargo, si los trata con amabilidad y compasión, resaltando sus aspectos positivos, sólo estará reforzando su moral para no repetir el error.

Critique o amoneste el error, no a la persona. Un influencer maduro no recurre a los insultos ni a los ataques personales. La gente se frustra y se desmoraliza cuando se le critica en lugar de señalar sus actos. Esto genera resentimiento y rebelión en los seguidores. La gente no se sentirá muy cómoda discutiendo abiertamente con un influencer que recurre a criticar sus actos. Cuando la gente comete errores, ya se siente miserable por ello. Cuando les perdonas por ello, siempre recordarán el favor. Esto le da una base sólida para conseguir que hagan lo que usted quiere más adelante.

Hablar con dureza es como echar sal en las heridas existentes. No digas algo como "eres un trabajador terrible". En su lugar, intente decir "lo que hiciste no fue lo mejor. En su lugar, podrías haber hecho esto". De este modo, sigue señalando el error sin parecer personalmente ofensivo. Además, cuando se produzcan errores y surjan problemas a causa de ellos, deshágase del juego de la culpa. Forme parte de la solución en lugar de hacer que la gente se sienta fatal por sus errores. Un influenciador eficaz pasa del problema y utiliza un enfoque orientado a la solución. Céntrese en cómo remediar la situación problemática.

Capítulo 5: Cómo abordar la manipulación en las relaciones

La manipulación emocional o estar en una relación manipuladora es una de las cosas más desafortunadas que una persona puede experimentar. No sólo destruye su sentido de la autoestima, sino que también le impide disfrutar de relaciones satisfactorias y gratificantes en el futuro. La manipulación va en contra del espíritu de una relación sana, feliz, positiva e inspiradora.

Aunque todos manipulamos de una u otra manera a nuestros seres queridos, la manipulación se vuelve siniestra cuando golpea las emociones o el sentido de autoestima de una persona para cumplir con una agenda egoísta. He aquí algunos tratos eficaces para hacer frente a la manipulación en las relaciones.

1. Observe atentamente sus sentimientos después de cada interacción. ¿La mayoría de las conversaciones o interacciones con su pareja le hacen sentir confuso, indigno o invadido por la duda? Si hace una comprobación rutinaria de sus sentimientos, podrá identificar una causa clara.

Por ejemplo, si se da cuenta de que siempre se siente culpable después de una conversación con su pareja. Rebobine la conversación y repase lo que ha dicho su pareja después de cada interacción. ¿Cómo empezó? ¿Cuáles son las palabras y frases típicas que utiliza al hablar? ¿Existe un patrón en lo que dicen y en cómo le hacen sentir?

Sería aún mejor si pudiera anotar sus sentimientos para identificar fácilmente el patrón emergente.

Se dice que el problema son ellos y no usted. Recuerde que sólo le están engañando para que piense que es su culpa o que no es lo suficientemente bueno. Lo más probable es que el manipulador esté lidiando con graves problemas propios, que es incapaz de manejar con eficacia. Esto es sólo para ayudarle a establecer un contexto para sus actos, no para que sienta simpatía por ellos. Tenga en cuenta que los manipuladores rara vez merecen compasión.

2. Evalúe su relación de forma objetiva. Si no puede determinar si realmente está en una relación manipuladora o si la persona lo es, obtenga una revisión de la realidad hablando con amigos o personas de confianza.

Pídales una evaluación objetiva de su relación con franqueza. ¿Creen que su pareja tiene expectativas poco razonables de usted? ¿Creen que su pareja se está aprovechando de usted? ¿Creen que está siendo emocionalmente vulnerable?

A veces, al hablar con una tercera persona, obtenemos una perspectiva que no habíamos considerado antes. Probablemente le dará una nueva forma de ver las cosas, lo que le permitirá actuar inmediatamente si le están manipulando.

3. Enfréntese al manipulador. Considere varios ángulos antes de ir a por todas y enfrentarse a su manipulador. Lo más probable es que no admita sus actos de manipulación, sobre todo si pareces inseguro y nervioso.

En lugar de hacer afirmaciones generales sobre cómo "te han

estado utilizando" o "se han aprovechado de ti", vaya al grano. ¿Cómo le hace sentir una acción o unas palabras concretas? Enumere los casos concretos en los que ha sentido que se han aprovechado de usted. A continuación, haga una petición positiva y amable, pero asertiva, para que enmienden su comportamiento.

Le está comunicando al manipulador que es consciente de sus trucos, lo que le hace ser más cauteloso a la hora de manipularle. En el mismo sentido, también le está dando la oportunidad de que se ponga las pilas. Para salir de una relación emocionalmente manipuladora se necesita un verdadero esfuerzo y compromiso por su parte. Tendrá que permanecer atento y desarrollar reservas ilimitadas de autoestima y positividad.

4. Golpee con fuerza en su centro de gravedad. Si nada más parece funcionar, golpea al manipulador con fuerza en su centro de gravedad. A menudo recurrirá a estrategias malvadas, como hacerse amigo de sus amigos y luego hablar mal de usted o tentarle con una recompensa y luego echarse atrás o no cumplir su compromiso.

Como conoce a la persona a la medida, golpéela donde más le duele. Su centro pueden ser sus amigos, sus seguidores o cualquier cosa que consideren integral para su existencia. Utilice este conocimiento para ganarles en su propio juego.

5. No se adapte a sus ideas. La clave para evitar que le manipulen es reinventarse y tener sus propias ideas sobre las cosas en lugar de suscribir las suyas. Los manipuladores le meterán sus ideas por la garganta, ya que necesitan controlarle para promover su agenda. Tenga sus propios puntos de vista, ideas y opiniones claras sobre varios aspectos de su vida. Si le meten constantemente una idea determinada en la cabeza, es como consiguen encerrarle en una caja.

No intente encajar, céntrse en la reinvención. Trabaje duro para destacar entre los demás. Sea diferente, único y notable a su manera. El crecimiento personal y la construcción de su autoestima es la clave para luchar contra la manipulación.

6. No se comprometa. La culpa es una emoción poderosa que aprovechan los manipuladores. Utilizarán sus dudas y su culpabilidad en su beneficio. El objetivo es destruir su sentido del equilibrio e infundirle una sensación de incertidumbre. Esta incertidumbre acaba llevándole a comprometer sus valores, ideales y objetivos.

Evite sentirse culpable o comprometerse. No dude de sí mismo ni de sus capacidades. Aunque tenga una relación con una persona, no le debe nada si no le trata con respeto. Toda persona merece sentirse maravillosa y positiva consigo misma. Si una persona no le hace sentir bien consigo mismo o con sus logros, puede haber un problema. Cree firmemente en sus valores e ideales. No comprometa sus valores, creencias, objetivos e ideales. Recuerde que merece sentirse bien consigo mismo y con sus logros. Debe haber un fuerte sentimiento de autoestima, seguridad en sí mismo y confianza en lo que está haciendo.

Un manipulador se vuelve impotente ante una gran confianza en sí mismo. Empiezan a perder su influencia una vez que aprendes a operar con confianza y se niega a comprometerte con cualquier cosa que socave su autoestima o sus valores fundamentales.

7. No pidas permiso. Esto es como darle al manipulador el pase para que le manipule como quiera. El problema es que desde la infancia estamos condicionados a pedir permiso. Cuando somos bebés, pedimos permiso para comer y dormir. A lo largo de la escuela, pedimos permiso para ir al baño, comer el almuerzo o beber agua.

Una consecuencia directa de esto es que, incluso siendo adultos, no dejamos de pedir permiso a las personas cercanas. En lugar de informar a su pareja de que tiene previsto quedar con un amigo para comer, le preguntará inconscientemente si le parece bien que planee algo con su amigo. Al pedir permiso constantemente y habitualmente, solo está dando el control de su vida a otra persona, especialmente si es del tipo más manipulador.

No se preocupe demasiado por ser educado o hacer sentir bien a los demás a costa de su propia comodidad y felicidad. Recuerde que tiene derecho a vivir su vida exactamente como quiera. La manipulación emocional consiste en hacerle sentir en deuda o esclavizado por alguna regla imaginaria que sólo existe en la mente del manipulador. Nunca querrán que se sienta autosuficiente y tome sus propias decisiones porque eso disminuye su poder sobre usted.

No es necesario someterse a sus dictados autoritarios ni consultarles antes de todo lo que hagas, a menos que les afecte de manera importante. Tuve un compañero de trabajo que pedía permiso a su novia incluso antes de ir a tomar un café o salir a comer. Era ridícula la forma en que ella lo trataba y trataba de controlar cada uno de sus movimientos. Como era de esperar, la relación terminó con una nota amarga.

8. Esté abierto a nuevas oportunidades. El manipulador quiere que pongas todos los huevos en su cesta para poder tirarla cuando le apetezca. No se encierre en ellas ni se ate a un compromiso con el que no se sienta cómodo. No se conforme ni acepte su vida actual. Si está en una relación muy manipuladora o abusiva emocional/físicamente, intente liberarse y explorar otras relaciones u oportunidades.

Los manipuladores en las relaciones suelen aprovecharse del

hecho de que su pareja está "acostumbrada a ellos", "es adicta a ellos", "no puede prescindir de ellos" o "no puede conseguir a nadie mejor". A menudo permanecemos en relaciones abusivas porque creemos que no merecemos nada mejor o que no conseguiremos a nadie mejor. Existe un miedo a la soledad o una falsa sensación de estar en el capullo de una relación.

Libérese de esos patrones de pensamiento auto limitadores y poco saludables. Por supuesto, se merece algo mejor en la vida o encontrará a alguien que le trate con respeto y dignidad. Para mantenerse en su sitio, los manipuladores recurrirán a muchos insultos. Si expresa un deseo, le harán sentir que es arrogante, egoísta, orgulloso, frío e inhumano y muchas otras etiquetas poco caritativas.

9. No sea un bebé. Si le engañan una o dos veces, es vulnerable, pero si deja constantemente que la gente le pase por encima sin aprender la lección, es un auténtico bobo. Deje de permitir que los manipuladores se aprovechen de su credulidad. Desarrolle la autoconciencia sobre los manipuladores y conozca cómo operan. Tenga suficiente autoestima para rechazar a los manipuladores.

Conozco a muchas personas que van dormidas por la vida, permiten que la gente se aproveche de ellas y luego culpan a los demás de su situación. No puede ir por ahí ajeno a los manipuladores que intentan utilizarle para cumplir sus planes. En lugar de culpar al mal que le rodea, sea inteligente y tome el control de su vida. Sí, la desafortunada verdad de la vida es que las personas negativas y manipuladoras existen. Se aprovechan de las personas para llevar a cabo sus planes.

De la misma manera, do not continue giving multiple opportunities to a chronically manipulative person. Liberate de ellos. Eliminate manipulators from your life. Commit to surrounding yourself with positive, encouraging, and like-minded people who do not take advantage of you.

Una vez más, las víctimas de la manipulación no tienen mucha confianza en sus juicios. Aprenda a confiar en sus juicios e instintos. Usted sabe lo que es bueno para sí mucho mejor que nadie. No vaya por ahí preguntando a la gente cosas como "¿en qué soy bueno?", "a qué me dedico", "quién es el verdadero yo", etc. Simplemente está abriendo las puertas de la manipulación. No vaya por ahí demostrando su falta de conocimiento sobre sí mismo.

Una vez más, conozco a mucha gente que busca constantemente la validación de los demás. Dependiendo de los demás para que los definan. Estas personas ni siquiera compran un pantalón si no es aprobado por los demás. ¿Por qué deberían permitir que los demás los definan?

Defínase y confíe en su criterio. Los ganadores no son personas que tienen una capacidad más evolucionada para escuchar a los demás. Son los que han desarrollado la capacidad de sintonizar con sus creencias y juicios. No dependen de la validación o aprobación externa de sus creencias. Una confianza establecida en sus creencias y juicios hace que los manipuladores no tengan poder. Cuando no busca la validación de los demás, ellos no tienen el control de cómo le hacen pensar y sentir. Empiece a confiar en su instinto y en su juicio.

10. Manipuladores dependientes. Esto es un poco opuesto a la imagen estereotipada de un manipulador, pero existen. Al contrario que la mayoría de los manipuladores, un manipulador dependiente le hará sentir constantemente que no tiene poder y que depende completamente de él. Le conceden la posición más alta en una relación hasta tal punto que se siente emocionalmente agotado mientras trata con ellos.

La manera de manejar este tipo de manipulación es hacer que tomen decisiones gradualmente. Hágales ver que son tan responsables de su bienestar como usted. Póngalos conscientemente en posiciones en las que se vean obligados a tomar una decisión. Hábleles de que su falta de responsabilidad en la toma de decisiones es estresante para usted. Con el tiempo, puede que les guste asumir la responsabilidad.

Capítulo 6: La manipulación de la opinión pública como orador

Comprenden que su carisma reside en hablar de una manera que inspire a la gente a escucharles. Entonces, ¿qué es el "lenguaje de los influencers"), se preguntará. He aquí algunos consejos de eficacia probada que pueden hacer que hable como tal.

1. Deshágase de esos embragues verbales

A menudo, cuando se dirige a un grupo de personas, la gente expone puntos fabulosos, pero lo arruina todo en un instante o disminuye el impacto/eficacia de sus puntos al incluir frases desechables que no contribuyen a dar más fuerza al mensaje. Por ejemplo, la gente suele terminar las frases con "y otras cosas", "etcétera" y "ya sabes, cosas así". No son más que deslices lingüísticos aletargados que se producen cuando no se sabe cómo terminar una frase/argumento con una postura verbal de impacto.

Estas muletillas verbales son más prominentes cuando se hace una pausa al dirigirse a un grupo o al pronunciar un discurso/presentación. Los sonidos ininteligibles como "er", "um" y "aa" pueden resultar enormemente incómodos e ineficaces. También lo son los gestos de lamerse los labios, los movimientos dramáticos de las manos y la tos constante. Todo esto distrae a los oyentes y afecta gravemente a la credibilidad del orador. El problema principal es que muy pocos nos damos cuenta de que hay un problema.

Una de las mejores maneras de abordar esta cuestión es utilizar una aplicación de teléfono y grabarse a sí mismo hablando de un tema al azar extemporáneamente durante un par de minutos. Después, vuelva a la grabación y anote el número de veces que ha utilizado muletillas verbales. Esta sencilla técnica le ayudará a ser más consciente de sí mismo mientras hablas.

Una buena narración y un lenguaje eficaz implican el uso de palabras definitivas pronunciadas con garbo y humildad. Absténgase de utilizar términos como "como" y "más o menos". No sólo es débil e ineficaz, sino que resulta francamente chocante para el público.

2. Utilice los superlativos con moderación

Cuando se suelta "asombroso", "fantástico", "épico", "increíble" y cosas por el estilo a cada momento, se empieza a perder el sentido. El exceso de énfasis en los superlativos desvanece su verdadero significado. Cada vez que una persona influyente o un modelo de conducta asigna lo extraordinario a cosas comunes, contribuye a que suene repetitivo, lo que hace que lo realmente excepcional no destaque.

Así que cada vez que tenga la tentación de decir que la presentación de alguien ha sido increíble o que el proyecto se ha llevado a cabo de forma "increíble", tómese unos minutos para reflexionar sobre su elección de adjetivos. Hable de cómo el proyecto estaba bien investigado, era completo y estaba lleno de datos raros. Los elogios o descripciones genéricas no sirven para inspirar a la gente ni para que le escuchen. "Esto es muy detallado y articulado" puede ser más eficaz que "buen trabajo" para levantar el ánimo de la gente, al tiempo que le hace parecer como un comunicador eficaz.

3. Resistirse a retroceder

No intente equivocarse cuando hable de temas cruciales o difíciles. Es comprensible que hablar de cosas no tan agradables requiera una gran valentía verbal y personal, sin embargo, no tiene sentido dar rodeos cuando hay que transmitir asuntos importantes al equipo.

Resista el impulso de utilizar un lenguaje perezoso, ya que el uso de un lenguaje claro y conciso solo aumentará su valor y le ayudará a conectar/internar lo que realmente hay que decir, por muy desagradable que parezca.

Utilice frases concretas y correctas para describir la situación. Aclare su postura si es necesario. Como influencer, tendrá que aprender a llamar a las cosas por su nombre. Practique su discurso frente al espejo si se pone nervioso antes de una presentación o discurso importante. Se dará cuenta de sus gestos, expresiones, lenguaje corporal y, básicamente, sabrá con exactitud la eficacia con la que se presenta ante el público para hacer los cambios necesarios.

4. Simplificar la narración

Utilice la antigua narrativa para estructurar su discurso: introducción, cuerpo y conclusión. Cuanto menos complicada sea la narración, más fácil será su comprensión. Sepa exactamente qué información debe incluir y qué debe eliminar para que sea breve pero impactante. A nadie le gusta escuchar a alguien que repite las mismas ideas. Al final, la idea pierde su impacto.

Además, preste mucha atención a su inflexión durante la

narración. Demasiados aspirantes a influenciadores y personas influyentes hacen una inflexión hacia arriba hacia el final de la frase, lo que produce un efecto de canto muy molesto que le hace parecer ineficaz y tímido. La inflexión hacia abajo le hace parecer autoritario y seguro, lo que es vital cuando se trata de influir en la gente.

La charla con inflexión ascendente le hace aparecer como un individuo que carece de disciplina, confianza y atención. Deténgase ahora mismo si está haciendo esto.

Los cliff hangers son otro punto negativo para un influenciador carismático. Muchos presentadores alcanzan un crescendo brillante en sus charlas, pero lo echan a perder por no saber concluir de forma clara y decidida. Esto es especialmente cierto si está influenciando a la gente para que le compre. Hay que incluir una "llamada a la acción" definitiva o desencadenar a la gente en la dirección correcta terminando el discurso de forma persuasiva. Termine con el impacto necesario y deje unos segundos para que el público asimile sus comentarios o preguntas finales.

5. Pasar por alto las lagunas verbales

¿Cuántas veces ha observado que los presentadores interrumpen torpemente el ritmo de un discurso disculpándose por un lapsus que nadie ha notado? Está bien tropezar con algunos términos aquí y allá mientras se dirige a un público o a un grupo. A no ser que se trate de una gran metedura de pata con importantes ramificaciones, no es necesario detenerse a mitad de camino para pedir disculpas. Siga adelante como si no fuera gran cosa.

La mayoría de la gente no se da cuenta de estos deslices hasta que los menciona voluntariamente, lo que atrae la atención inútilmente y aleja el foco de su mensaje principal. No sólo se desconcierta a sí, sino que también despista al público.

6. Crear momentos memorables para la audiencia

La mayoría de los oradores creen erróneamente que la presentación o la charla gira en torno a ellos. Nada más lejos de la realidad. Para que su charla sea más impactante, haga que gire en torno a su público. Es más probable que le escuchen y se dejen influir cuando se den cuenta de que está centrado en ellos.

Reconozca o agradezca a un miembro del público, tal vez un incondicional que ha estado trabajando incansablemente para la organización y que se va a jubilar pronto. Celebre un logro reciente importante de un miembro del público. Cuanto más atraiga a su público al centro de atención reconociendo sus esfuerzos, mayores serán sus posibilidades de aumentar su propio poder de reconocimiento.

Capítulo 7: Manipulación con Small-Talk

Según los estudios, cuando se conoce a una persona por primera vez, ésta le juzga en los primeros 4 segundos de la interacción. Sí, es cierto. Deciden si les gusta o no a los 4 segundos de conocerle. ¿Asusta? ¿Cómo se conquista a personas que se acaban de conocer? También tengo una poción mágica para eso: se llama "small talk".

Aunque pueda parecer inútil, las conversaciones triviales son un excelente método para romper el hielo y eliminar elementos de incomodidad y malestar entre la gente. Le hace parecer una persona amable y simpática, además de ayudarle a desarrollar una buena relación con la gente y crear una primera impresión estelar. Las conversaciones triviales también sientan las bases de una relación gratificante. Cree un ambiente más positivo y beneficioso que pueda desencadenar conversaciones más amplias.

Cuando se trata de romper ese incómodo hielo inicial y de preparar el terreno para una relación significativa y fructífera, pocas cosas funcionan tan milagrosamente como una pequeña charla. Tanto si se trata de una reunión de negocios como de un club de citas, las conversaciones triviales tienen un gran efecto a la hora de manipular e influir en la gente, establecer relaciones y ser un persuasor carismático.

¿Alguna vez te has preguntado cómo algunas personas consiguen que les compren las bebidas en el bar o hagan amigos en hordas allá donde vayan? ¿Por qué las interacciones con algunas personas quedan grabadas en nuestra memoria para siempre mientras que de otras apenas nos acordamos? La respuesta es, bueno, la charla. He aquí 15 reglas para conquistar a la gente utilizando el poder de la charla trivial.

1. Limítese a los temas seguros

Es fácil medir el nivel de comodidad de una persona sobre un tema concreto a través de su lenguaje corporal (a menos que lea un montón de libros de autoayuda como usted y haya aprendido a fingir). Si su reacción ante un tema concreto es positiva y entusiasta, siga con él. Preste siempre atención a las pistas no verbales cuando saque un nuevo tema de conversación. Los manipuladores saben exactamente cómo llevar a la otra persona a un estado de ánimo más positivo para conseguir que haga exactamente lo que ellos quieren. Una vez que la persona desarrolla una relación sólida contigo y se siente bien en su compañía, es más probable que haga lo que usted quiere.

2. Hacer preguntas abiertas

La regla de oro para atraer a las personas a una conversación o conseguir que compartan más en sus interacciones iniciales es hacer más preguntas abiertas. Los influencers e influenciadores entienden la importancia de hacer preguntas suaves y genuinas que revelen que están realmente interesados en saber más sobre la otra persona.

Una de las estrategias de manipulación más importantes a la hora de establecer una relación con desconocidos o de entablar una conversación es recopilar toda la información posible sobre ellos y aprovecharla para que realicen la acción prevista.

For example, if you have just found out that the person you are talking to is part of a local NGO, ask them open questions related to it. What inspired them to be part of the NGO? What initiatives have they been involved in?

Aprenda a fijarse en lo que realmente apasiona a la gente y cree un flujo de conversación basado en la formulación de preguntas abiertas relacionadas con ese tema para aprender más sobre ellos. Si a alguien le apasiona de forma innata explorar diferentes lugares y culturas, pregúntele por sus últimas vacaciones. Aléjese de los temas controvertidos y personales. La persona le aceptará rápidamente si parece genuinamente interesado en saber más sobre sus intereses.

3. No se pase con el humor

A veces, la gente está tan dispuesta a causar una buena impresión haciéndose pasar por ingeniosa y graciosa que acaba por molestar a la gente, especialmente a aquellos cuyos gustos no conoces.

Para evitar que el humor sea contraproducente, no se pase de la raya con las burlas, los comentarios sarcásticos o el humor irónico. Puede que a usted le parezca divertido, pero la otra persona puede no apreciarlo. Incluso los comentarios aparentemente inofensivos transmiten una impresión equivocada sobre usted. Los chistes/comentarios neutrales e inteligentes están bien hasta cierto punto, pero no los haga personales.

Evite tratar de parecer demasiado inteligente o familiar burlándose de la gente sin entender si son capaces de tomarlo con el espíritu correcto. Tómate el tiempo necesario para conocer y entender bien a la gente sin actuar de forma familiar y extra-amigable.

4. Desacuerdo amistoso

Para evitar que la conversación inicial resulte polémica, exprese su desacuerdo sin diplomacia. En lugar de lanzarse a un ataque enconado o a un insulto a la defensiva (algo que está absolutamente prohibido), intente un enfoque más políticamente correcto (pero genuino).

Diga algo genuino y no controvertido como: "Es una perspectiva interesante y diferente. Ahora siento curiosidad por ese punto de vista. Puedes explicarlo mejor", está afirmando que el punto de vista no coincide con el tuyo sin preparar el terreno para la Tercera Guerra Mundial.

5. Sea un oyente excepcional

No es ningún secreto. En un mundo en el que todos quieren hablar de sí mismos, los buenos oyentes son muy apreciados. Es fácil influir en las personas cuando están convencidas de que le interesa de verdad lo que tienen que decir.

La gente cree erróneamente que ser un bue n comunicador consiste en poseer las mejores habilidades para hablar. Eso es sólo una parte, amigos. La otra mitad, probablemente más importante, es escuchar.

Ser un ninja de las habilidades sociales no significa hablar hasta la saciedad sin dar a los demás la oportunidad de hablar. Las personas influyentes saben cuándo dejas que los demás hablen y responden de forma positiva/alentadora.

Muestre a la gente que se interesa seriamente por lo que están hablando a través de pistas verbales y no verbales. Reconozca o parafrasee lo que dicen para que sepan que realmente les está escuchando. Asienta con la cabeza, exprese con la mirada, inclínese hacia delante y mantenga los brazos/piernas desplegados (para mostrar que está abierto a escucharles) para revelar su interés en lo que están hablando a través de reacciones no verbales.

A todo el mundo le gustan las señales de afirmación de que se les escucha con entusiasmo, lo que a su vez les anima a corresponder cuando usted habla. Las personas influyentes, los modelos de conducta y los influenciadores excepcionales comprenden el poder de desarrollar grandes habilidades de escucha para hacerse más simpáticos a sus seguidores.

6. Revele un hecho interesante sobre sí mismo

Okay, esto no significa que debas empezar a contar con quién estás saliendo o que tu cuenta bancaria acaba de marcar un millón de dólares. Sin embargo, un dato divertido, inofensivo e interesante sobre ti mismo te hace inmediatamente simpático a la gente. Será más probable que presten atención a lo que dices cuando se den cuenta de que confías lo suficiente en ellos como para compartir cosas sobre ti. Pero no te vuelvas demasiado personal, esa es la regla de oro.

Puede ser algo parecido a su autor favorito y por qué le gusta su obra. ¿Por qué elegiste una vocación o una especialidad en la universidad? ¿Por qué te gustó viajar a un lugar concreto y disfrutaste de su ambiente/cultura? Debe ser como un interesante adelanto de sí mismo (por qué le gustan las magdalenas o por qué decidió llamar a su perro por un nombre concreto) sin que suene personal, jactancioso o exagerado.

7. Evitar los callejones sin salida de la conversación

Habrá esos incómodos huecos en la conversación que quizá no consiga llenar. Lo mejor que puede hacer en ese caso es buscar pistas a su alrededor para reavivar la conversación. Puede ser cualquier cosa, desde un folleto hasta otras personas que le rodean, pasando por detalles sobre el local en el que está. Hay pistas de conversación en casi todas partes sobre las que puede empezar a construir una conversación estimulante y significativa.

8. El fino equilibrio entre preguntas y declaraciones

Mantenga un fino equilibrio entre hacer declaraciones y formular preguntas. Una pequeña charla exitosa mezcla brillantemente preguntas y declaraciones para crear un intercambio más sano.

Demasiadas preguntas harán que parezca un interrogatorio unidireccional. Mientras que demasiadas afirmaciones harán que parezca que la charla se centra sólo en ti, lo que puede resultar muy molesto para la otra persona.

Los modelos de conducta saben cómo equilibrar la conversación para que la gente escuche. Acompañar las afirmaciones con preguntas de reflexión, como: "Me gusta mucho el aeróbic y la zumba, ¿cómo pasas tus horas de ocio?" o "Me gusta mucho ver ese reality show que la mayoría de la gente cree que está guionizado, ¿lo ves?

Está compartiendo sus puntos de vista, pero también está dando a la otra persona la oportunidad de compartir su opinión. Esta técnica de ida y vuelta le permite mantener una conversación agradable y completa.

9. Empatizar con la gente

Empathizar con la gente es una de las formas más seguras de ganarse su confianza y conseguir que le guste. No confundas la empatía con la simpatía. La empatía no consiste en compadecerse de alguien o hacerle sentir lástima por sí mismo. Se trata de ponerse en el lugar de otra persona y tratar de entender cómo se siente o las emociones que experimenta.

Decir cosas como "entiendo de verdad por qué te sientes así" o "comprendo de verdad cómo te sientes sobre este tema" o "debe haber sido muy duro para ti, pero has demostrado un valor ejemplar" contribuye en gran medida a crear una relación con la gente. Esto sienta las bases de una ecuación basada en la empatía, la comodidad y la comprensión, que es lo que los influencers/modelos de conducta necesitan para inspirar a sus seguidores.

Es más probable que la gente hable y comparta sus sentimientos con usted cuando se da cuenta de que entiende su situación. Pero no se ponga dramático y finja llorar lágrimas de cocodrilo para demostrar que realmente siente algo por la otra persona. Eso lo desvirtúa por completo.

10. Manténgase positivo

Quédate con los temas que ofrezcan un margen mínimo para el desacuerdo, los conflictos y las controversias. Mantén el equilibrio y la sencillez para que la conversación tenga éxito al principio. Si molestas a la otra persona al principio con un montón de temas negativos o controvertidos, es probable que se desconecte y desarrolle sentimientos negativos hacia ti, algo que no quieres.

11. El lenguaje corporal dice mucho

El lenguaje corporal o las pistas no verbales pueden transmitir mucho más que las palabras. Envía las señales de lenguaje corporal adecuadas para crear una impresión más favorable y hacerse más simpático.

Pequeños gestos como sonreír con frecuencia, asentir con

entusiasmo, rozar ligeramente con el brazo a la otra persona, mantener un contacto visual constante, dar un apretón de manos firme, mantener un tono enérgico y animado y otras señales similares pueden contribuir en gran medida a establecer una persona más simpática e influyente. Recuerde que no tiene una segunda oportunidad para causar una primera impresión. Deje que cada gesto cuente.

12. Excavar un poco

Un poco de trabajo de fondo sirve para crear una primera impresión impactante. Tanto si se dirige a una fiesta como a un importante evento de networking empresarial, tenga preparados algunos temas tras investigar los intereses predominantes del grupo. Por ejemplo, si se entera de que el anfitrión o los socios están muy interesados en el espiritismo, los viajes o la cocina, investigue los temas de moda en esos ámbitos para iniciar una conversación interesante. Esto le ayudará a encajar en el grupo sin esfuerzo.

Puede animar la conversación y sacar a la gente de su ignorancia. Busque en los periódicos del día los titulares más destacados, repase las reseñas de libros, lea las críticas y valoraciones de las películas o infórmese sobre la última tendencia en materia de salud que circula por las redes sociales. Estos temas de interés para la mayoría de la gente pueden ayudarle a parecer bien informado y conocedor del mundo ante un nuevo público.

13. Aprovechar las similitudes

Incluso si se trata de algo aparentemente cursi, como llevar la misma camisa/vestido o zapatos, menciónalo siempre para establecer una plataforma de simpatía. Los seres humanos se sienten atraídos por las personas que son similares a ellos. Cuando la gente se da cuenta de que sus gustos o preferencias son muy parecidos a los suyos, es más probable que le escuchen o admiren.

14. No descuide el aseo personal

Aunque sea un excelente conversador con un lenguaje corporal impecable, pocas cosas pueden crear una primera impresión negativa como un aseo personal descuidado. Aunque esto parezca básico, mucha gente lo considera insignificante y se centra en las "cosas más importantes".

Nunca asista a ninguna reunión social sin haberse duchado o peinado cuidadosamente. Mantenga una buena higiene y aseo personal. Use un perfume agradable, pero no excesivo. Lleve consigo unos cuantos caramelos de menta. Mantenga un peinado cuidadoso, uñas bien arregladas y dientes blancos y brillantes.

Llevar la ropa limpia y planchada. Es sorprendente la cantidad de personas que salen perdiendo simplemente por no prestar atención a estos aspectos elementales. La ropa y el aseo personal contribuyen a su imagen incluso antes de empezar a hablar. Lo más probable es que si se presenta mal arreglado, la gente ni siquiera le dé la oportunidad de hablar con ellos. La gente desorganizada y de aspecto desordenado rara vez influye en los demás o actúa como modelo creando una primera impresión favorable.

15. Deje de lado la incomodidad del saludo

Saludar a las personas cuando se las presentan por primera vez puede ser sin duda incómodo, especialmente si pertenecen a una cultura o región diferente. Es posible que no sepa cuál es el saludo adecuado. Algunas personas no se sienten cómodas ni siquiera con un ligero beso en la mejilla, mientras que otras pueden no apreciar un prolongado apretón de manos. En ese caso, es seguro esperar a que la otra persona dé el primer paso. Si no lo hace, mantenga la universalidad: sonría con su mejor sonrisa, salude y ofrezca un breve pero firme apretón de manos.

Bono - Tips para detectar y superar la manipulación y reforzar su autoestima

Ya sea que te guste o no, el mundo está lleno de lobos con piel de cordero. No se puede hacer mucho contra los manipuladores patológicos y emocionales que intentan aprovecharse de tus sentimientos y emociones para satisfacer sus deseos. Sin embargo, puedes vencerlos en su propio juego utilizando muchas técnicas astutas. La manipulación, si no es reconocida y manejada con eficacia, puede acabar con tu autoestima y cordura. Al reconocer y enfrentar la manipulación, te defiendes y no permites que los siniestros manipuladores cumplan sus planes pisoteando tus sentimientos.

Aquí tienes algunos trucos inteligentes y eficaces para superar a los manipuladores en su propio juego.

Ponga en el punto de mira a los manipuladores planteando preguntas de sondeo. Los manipuladores exigen constantemente cosas o hacen ofertas a sus víctimas. Como víctima, le harán sentir que tiene que demostrar su valía todo el tiempo. A menudo se desvivirá por cumplir estas exigencias. Deténgase. Cada vez que se encuentre con una petición irrazonable, responda con unas cuantas preguntas de sondeo y cambie el enfoque hacia ellos.

Por ejemplo, ¿le parece una petición legítima y razonable?

¿Crees que lo que me has pedido es justo o ético?

¿Tengo derecho a negarme?

¿Me estás pidiendo o exigiendo que lo haga?

¿Qué gano con esto?

¿Realmente esperas que lo haga?

¿Está razonablemente justificado que espere que lo haga?

¿Quién es el que más gana con esto?

Básicamente, son preguntas que les muestran el espejo, donde pueden ser testigos de su verdadera estratagema siniestra. Si el manipulador es consciente de sí mismo o se da cuenta de que ha visto sus motivos, lo más probable es que retire la petición.

Manipulators try to shift the focus onto you as if you were unworthy or "bad" if you don't do something for them. You have to shift the focus back onto them by making them think if their request is truly justified or reasonable, making them look like people with evil intentions. Los manipuladores intentan desplazar el foco hacia ti como si fueras indigno o "malo" si no haces algo por ellos. Tienes que devolverles el foco haciéndoles pensar si su solicitud es realmente justificada o razonable, haciéndolos parecer personas con intenciones malvadas.

Las preguntas acabarán obligando al manipulador a darse cuenta de que está viendo su juego. La responsabilidad de la acción pasará ahora de usted a ellos.

Por ejemplo, si usted rechaza la petición del manipulador, la carga de justificar su acción no recae sobre usted. Al hacer preguntas de sondeo, está pidiendo al manipulador que justifique la razonabilidad de su petición. Así, en lugar de sentirse culpable por rechazar algo, está haciendo que el manipulador se dé cuenta de que tiene la culpa por tener expectativas poco razonables.

Además, hágale saber a su manipulador que no acepta que le trate como lo hace. Deje suficientemente claro que no aprecia sus formas.

Por ejemplo, si usted ya está preocupado por algo y el manipulador le pide que haga algo por él, diga algo así como: "No me gusta cuando ya estoy trabajando en algo y me haces otra petición antes de terminar la tarea actual".

Del mismo modo, cuando una persona intente forzarle a tomar una decisión que le beneficie, diga algo como: "Soy capaz de tomar mis propias decisiones y le agradecería mucho que no me coaccionara para tomar una decisión a toda prisa". Está siendo asertivo y regañando a su manipulador sin ser grosero. Simplemente está defendiendo su derecho e informándole de que tiene derecho a tomarse su tiempo para decidir, y que podría ser contraproducente si le presiona para que tome una decisión.

2. Tómese su tiempo para satisfacer una petición. Los manipuladores no sólo harán peticiones poco razonables, sino que también le presionarán para que tome una decisión rápida. Quieren ejercer un control, una influencia y una presión óptimos sobre usted para conseguir que actúe de una manera específica inmediatamente. Los manipuladores se dan cuenta de que si se toma más tiempo, las cosas pueden no ir a su favor.

Haga exactamente lo contrario de lo que quieren, tomándose más tiempo. Los vendedores siempre se centran en cerrar el trato pronto. Distánciese de la persuasión del manipulador y tómese su tiempo para llegar a una decisión. No tiene que actuar de inmediato por mucho que la persona intente presionarle.

Toma el control sobre la persona y la situación diciendo algo como: "me gustaría tener más tiempo para pensarlo" o "es mi derecho tomarme más tiempo para pensar en una decisión tan importante como ésta" o "necesito evaluar los pros y los contras antes de llegar a una decisión".

Puede aprovechar este tiempo para negociar a su favor.

3. Diga no de forma asertiva pero diplomática. Este es un arte que sólo se consigue con la práctica. No querrás ofender al manipulador diciéndole un no rotundo. Sin embargo, debe ser firme y hacerle saber que no va a permitir que le pisotee. Manténgase firme, sin dejar de ser educado y cortés. No tiene que sentirse culpable por su derecho a rechazar una petición poco razonable.

Si no está dispuesto a hacer algo, diga: "Entiendo que quieres que haga esto, pero también siento que no estoy dispuesto a hacerlo ahora mismo". Otra forma de articular sus necesidades es: "lo mejor que puedo hacer en este momento es...". Una de las apuestas de respuesta es centrarse en sus necesidades por encima de las del manipulador sin sentirte culpable.

4. Conozca sus derechos fundamentales y su valor. El arma más importante cuando se enfrentas a los manipuladores es saber cuándo se violan sus derechos. Tiene el derecho absoluto de defender esos derechos y defenderte. Tiene el derecho fundamental a ser tratado con respeto y honor.

Una vez más, tiene derecho a expresar sus emociones, necesidades y sentimientos. Tiene derecho a establecer sus prioridades, a rechazar algo sin sentirse culpable, a protegerse a sí mismo o a sus seres queridos de cualquier daño, a adquirir lo que paga y a vivir una vida feliz, sana y plena.

5. Mantenga la distancia. Una de las formas más eficaces de detectar a un manipulador es observar si actúa de forma diferente con distintas personas o en diversas situaciones. Por supuesto, todos venimos con algún diferencial social, pero si la persona se comporta habitualmente fuera de su carácter en los extremos, puede ser un maestro de la manipulación.

Piense en ser antinaturalmente cortés con una persona y al minuto siguiente francamente grosero con otra, o en actuar de forma vulnerable en un momento y en el siguiente volverse agresivo. Cuando sea testigo de este tipo de comportamiento, mantenga las distancias con esa persona. Evite interactuar con estas personas hasta que sea absolutamente necesario. Puede acabar invitando a los problemas. Hay muchas razones por las que la gente manipula, y es muy complejo psicológicamente. No intente arreglar a los manipuladores todo el tiempo. No es su deber cambiarlos. Sálvese a sí mismo pasando página.

6. Evite culparse o personalizar. Uno de los trucos más suaves que utilizan los manipuladores es hacer sentir a sus víctimas que siempre es su culpa (la de la víctima). Independientemente de lo que el manipulador haga o sepa, nunca asumirá la responsabilidad de sus faltas. Siempre culparán a la víctima de todos sus males.

Como víctima de la manipulación, tiene que dejar de personalizar. El problema no está en sí, ya que simplemente le hacen sentir que es su culpa, por lo que cede sus derechos al manipulador y se vuelve impotente.

No se deje llevar por la idea de que es un problema o que el problema está en sí. Conocí a una amiga a la que su marido reprendía constantemente por trabajar duro para mantener a la familia. Él no perdía la oportunidad de recordarle que no era una buena esposa o madre porque siempre estaba trabajando. En su mente, estaba trabajando duro para dar a sus hijos un gran futuro (lo que realmente no la convertía en una mala madre).

Hágase estas preguntas antes de culparse a sí mismo -

¿Te tratan con respeto?

¿Son razonables las exigencias de la persona?

¿Me siento bien conmigo mismo cuando interactúo con esta persona?

7. Establezca consecuencias para el comportamiento manipulador. Los manipuladores psicológicos y patológicos siempre insistirán en ignorar sus derechos. Rara vez aceptan un "no" como respuesta, y se ofrecen a montar en cólera o a volverse agresivos. Reconozca y establezca claramente las consecuencias si recurren a la agresión como respuesta a su negativa a cumplir con su petición irrazonable.

Una consecuencia comunicada y afirmada eficazmente puede servir para inmovilizar a una persona manipuladora y obligarla a cambiar su postura, pasando de violar sus derechos a respetarlos. Al reforzar las consecuencias, descubre sus intenciones ocultas y le obliga a cambiar su actitud hacia usted. Básicamente, le está quitando el poder.

Es importante oponerse a las tácticas de intimidación del manipulador. A menudo intentarán asustarte para que cedas a sus exigencias. Los manipuladores pretenden aferrarse a sus debilidades para sentirse superiores y poderosos. Si se mantiene pasivo y les sigue el juego, se aprovecharán más de usted. Enfréntese a ellos y ejerza sus derechos. Como los manipuladores son intrínsecamente cobardes, se retirarán.

Las investigaciones han demostrado que la manipulación está estrechamente relacionada con una infancia abusiva o con ser víctimas de acoso escolar. Esto no justifica de ninguna manera el acto de un manipulador. Sin embargo, si tiene esto en cuenta, encontrará formas más sanas y eficaces de responder al manipulador.

8. Valórese por lo que es. Los manipuladores se alimentan de la baja autoestima de sus víctimas. Siempre atraparán a personas vulnerables, inseguras, con poca confianza en sí mismas y que no conocen su verdadero valor.

Rara vez el manipulador irá a por personas con una alta autoestima o sentido de la valía personal. Si puede mantenerse fuerte y enfrentarse al manipulador estableciendo su autoestima, es evidente que no permitirá que nadie le controle.

9. El silencio es oro. A los manipuladores les encanta el drama. A menudo provocarán en usted sentimientos de ira, miedo, tristeza y más para pensar que han ganado puntos sobre usted. La mejor manera de lidiar con esto es mantener la calma y practicar la respiración profunda. Concéntrese en su respiración y en cómo se siente su cuerpo. Intente relajar los músculos y mire al manipulador a los ojos.

Este simple lenguaje corporal de confianza y afirmación puede sacarlos de la tangente. Un manipulador no sabe cómo lidiar con su tranquilidad en una situación así. Están totalmente equipados para lidiar con su ira y su miedo. Sin embargo, no esperan que reacciones con calma. Eso les enfurece y les dice que la estratagema no me parece eficaz en usted. Aprenderán que las emociones no cambian y cambiarán de objetivo.

No me malinterprete. No estoy abogando por abandonar una

relación a la primera señal de manipulación. La manipulación puede aparecer poco a poco incluso en relaciones por lo demás felices y satisfactorias, y no significa necesariamente el fin de una relación. Antes de tomar cualquier medida drástica, mantenga una conversación franca y abierta con su pareja o con la persona que le manipula. Ármese de valor y pregúntele por qué le están haciendo esto. Estas respuestas pueden darle pistas vitales sobre su estado de ánimo y su próximo paso.

Si ya ha intentado tener una comunicación abierta con su pareja y no quiere, puede ser el momento de explorar otras opciones como la terapia o el asesoramiento. Sin embargo, ambos deben comprometerse a superar la manipulación en la relación.

Si nada más funciona, tendrá que armarse de valor para dejarlo. He visto a personas salir de relaciones manipuladoras a través de la terapia, y no llevan vidas más felices y satisfactorias. Así que no es que la manipulación sea el fin de una relación. En todo caso, utilícela como una oportunidad para identificar los defectos de su relación y repararlos gradualmente.

10. Practique el autocuidado. Enfrentarse a una relación de manipulación puede ser intensamente agotador y estresante. Asegúrese de practicar el autocuidado para nutrir su mente, cuerpo y espíritu, y no deje que la manipulación le pase factura. Es común sentirse estresado al final de cada interacción con un manipulador (ya lo he hecho).

Cuando sienta que su energía mental se agota tras la comunicación con un manipulador, haga meditación, yoga o respiración profunda. Infunde una sensación de calma en su ser. Haga algo agradable y emocionante para evitar que los sentimientos negativos le estropeen el día. Vaya a dar un

largo paseo en medio de la naturaleza o hable con alguien de
confianza.

Consejos sólidos para aumentar su autoestima

El núcleo de ser manipulado es experimentar sentimientos
de incompetencia e indignidad. Rara vez verás a personas
seguras de sí mismas, con una alta autoestima y un alto
sentido de la valía personal, siendo manipuladas. Los
manipuladores psicológicos prosperan haciendo que la gente
se sienta indigna y desequilibrada. Al inducir este
sentimiento de insuficiencia en sus víctimas, intentan
obtener un mayor poder y control sobre ellas y, a su vez,
utilizar su sensación de impotencia para cumplir con agendas
egoístas.

Una de las mejores maneras de inmunizarse contra la
manipulación es desarrollar una alta autoestima y confianza
en uno mismo. Al tener un alto sentido de autoestima y una
opinión positiva sobre sí mismo, está evitando que los
manipuladores hambrientos le saboteen.

Aquí tienes algunos consejos poderosos para aumentar tu
autoestima general y hacerte menos susceptible a la
manipulación.

1. Controle a su crítico interior. Sí, todos tenemos ese molesto
enemigo interior que no deja de recordarnos lo incapaces
que somos de hacer algo o lo miserable que es nuestra vida
en comparación con la de los demás. Esta voz interior moldea
sus pensamientos y opiniones sobre sí mismo.

Minimice su voz negativa y sustitúyala conscientemente por
términos más positivos y constructivos. Por ejemplo, "Soy
muy malo en esto" puede sustituirse por "Puede que no sea
bueno en esto, pero eso no debe impedirme aprender todo lo
que pueda sobre ello y dominarlo". Acaba de dar un giro

positivo a una afirmación sin esperanza. Elija utilizar palabras más esperanzadoras, positivas e inspiradoras cuando se hables a sí mismo.

Mantente de pie y habla en voz alta cuando encuentres a tu crítico interno rugiendo su monstruosa cabeza. También puedes recurrir a un gesto físico, como pellizcarte lentamente o morderte los labios cada vez que encuentres a tu crítico interior en modo hiperactivo.

2. Sea más compasivo con los demás o trátelos bien. Una de las mejores maneras de aumentar su propia autoestima es tratar a otras personas con mayor compasión. Cuando hace que los demás se sientan bien con ellos, automáticamente se siente bien consigo mismo. Cuando trata bien a la gente, les inspira para que le traten bien a usted a cambio.

Practique la amabilidad en su vida diaria ofreciéndose como voluntario para una causa social (un enorme refuerzo de la autoestima), sosteniendo la puerta a la gente, escuchando a alguien desahogarse, dejando que la gente pase por su carril mientras conduce, comprando café o golosinas a gente al azar, animando a una persona que se siente desanimada y otros gestos similares. Todo ello contribuirá en gran medida a reforzar su autoestima.

3. Probar cosas nuevas. Las personas que prueban constantemente cosas nuevas o se reinventan a sí mismas tienen casi siempre la autoestima alta. Se desafían constantemente a sí mismas saliendo de su zona de confort. Prueban de todo y aprecian las distintas experiencias, lo que aumenta su sentimiento de competencia.

Al seguir aprendiendo cosas nuevas y desarrollando habilidades, uno se siente muy bien consigo mismo. Evite caer en la rutina. Siga probando una nueva aventura o adquiriendo una nueva habilidad periódicamente. Anímese a ser activo, apasionado y productivo. Ponga en marcha su espíritu y su alma de vez en cuando, retomando una afición, adquiriendo una nueva habilidad o leyendo un libro inspirador.

4. Evite las comparaciones. Se está destruyendo poco a poco al compararse constantemente a sí mismo o a su vida con los demás. No hay victoria en esto, ¡siempre perderá! Es una trampa que sólo le hará sentir más inadecuado e indigno.

En su lugar, mire dónde estaba hace unos años y lo lejos que ha llegado para lograr lo que es hoy. Céntrese en sus logros y realizaciones actuales en comparación con los de hace unos años.

Albert Einstein dijo: "Todo el mundo es un genio. Pero si juzgas a un pez por su capacidad para trepar a un árbol, se pasará toda la vida creyendo que es estúpido". No sea ese pez.

5. Pase tiempo con gente positiva. Otra buena manera de reforzar su autoestima es rodearse de personas que le apoyen, le animen y le inspiren. Deben ser personas a las que admire y que puedan influir positivamente. Puede ser cualquiera, desde un profesor hasta un mentor, pasando por un gerente o un buen amigo.

Evite relacionarse con personas que se centran en sus defectos para intentar derribarle en cada oportunidad disponible para sentirse superiores a ellos mismos. Tenga cuidado con los ladrones de sueños o con las personas que se ríen de sus sueños o de su capacidad para alcanzar sus objetivos. La autoestima prospera en un entorno positivo en medio de personas positivas. Acompañese de personas que le hagan sentir bien consigo mismo.

Además, preste atención a los libros, sitios web y páginas de redes sociales que lee. Deje que carguen su energía, no que la minen. No lea revistas que promueven imágenes corporales poco realistas. La próxima vez que tenga tiempo libre, escuche podcasts que le levanten el ánimo y le inspiren. Mire programas de televisión que eleven su espíritu.

6. Sweating like a pig. Innumerables estudios han establecido una alta correlación entre el ejercicio y una autoestima sana. El ejercicio conduce a una mejor salud mental y física, lo que a su vez reduce el estrés y le hace sentir bien. También aporta más disciplina a su vida, lo que invariablemente aumenta la autoestima.

El ejercicio no tiene por qué ser aburrido. Puede practicar algo divertido e interesante como el baile, el ciclismo, la natación, los ejercicios aeróbicos o el kickboxing, entre otros. Cualquier cosa que le haga sudar y le dé una pequeña sensación de logro al final. La actividad física potencia la secreción de endorfinas en el cerebro, lo que nos hace "sentirnos bien". Y todos sabemos que sentirse bien puede tener un efecto positivo en nuestra autopercepción y autoestima.

7. Práctique el perdón. ¿Hay algún rencor que lleva guardando mucho tiempo? Puede estar relacionado con una expareja, con un familiar durante sus años de crecimiento, con un amigo que le traicionó o incluso consigo mismo. No se aferre al sentimiento de rencor. Supere los sentimientos pasados de vergüenza, culpa y arrepentimiento, ya que aferrarse a él sólo le arrastrará más al círculo de la negatividad.

Conclusión:

Gracias de nuevo por comprar este libro.

Espero que haya podido ayudarle a comprender no sólo las formas en que la gente le manipula, sino también formas poderosas de manipular a la gente e inmunizarle contra la manipulación.

Hay un montón de consejos prácticos, pepitas de sabiduría e ilustraciones de la vida real para ayudarle a obtener una sólida comprensión de cómo funciona la manipulación y cómo se puede utilizar en su vida cotidiana.

Finalmente, si te ha gustado este libro, me gustaría pedirte un favor, ¿serías tan amable de dejar una reseña para este libro? Se lo agradecería mucho.

Cómo Dejar de Pensar Demasiado:

27 Técnicas Poderosas para Aliviar el Estrés. Hacking Mental para Encontrar la Libertad Emocional. Despeja tu Mente y Aprende el Arte de Dejar Ir.

© Derechos de autor de Robert Clear 2024 - Todos los derechos reservados.

El contenido contenido en este libro no puede ser reproducido, duplicado o transmitido sin el permiso escrito directo del autor o del editor.

En ningún caso se responsabilizará al editor o autor por cualquier daño, reparación o pérdida monetaria debido a la información contenida en este libro. Ya sea directa o indirectamente.

Aviso Legal:

Este libro está protegido por derechos de autor. Este libro es solo para uso personal. No puedes modificar, distribuir, vender, utilizar, citar o parafrasear ninguna parte, o el contenido dentro de este libro, sin el consentimiento del autor o editor.

Aviso de responsabilidad:

Por favor, ten en cuenta que la información contenida en este documento es solo para fines educativos y de entretenimiento. Se ha hecho todo el esfuerzo para presentar información precisa, actualizada y confiable. No se declaran ni implícitas garantías de ningún tipo. Los lectores reconocen que el autor no está brindando asesoramiento legal, financiero, médico o profesional. El contenido de este libro ha sido obtenido de diversas fuentes. Por favor, consulta a un profesional con licencia antes de intentar cualquier técnica descrita en este libro.

Al leer este documento, el lector acepta que bajo ninguna circunstancia el autor es responsable de cualquier pérdida, directa o indirecta, que se incurra como resultado del uso de la información contenida en este documento, incluyendo, pero no limitado a, errores, omisiones o inexactitudes.

Introducción

Pensar demasiado es muy común y debilitante. Puede impedirte socializar, tener un sueño reparador, afectar tu rendimiento en el trabajo e incluso interrumpir unas vacaciones bien planificadas. Cuando el pensamiento excesivo se vuelve crónico, puede llevar a molestias físicas y mentales. En resumen, pensar demasiado puede dejarte exhausto tanto física como mentalmente. Si te sientes así en este momento, es posible que hayas intentado varias formas de escapar de una situación tan deprimente sin éxito.

Pero entonces, ¿qué es el trastorno de sobre pensamiento? Bajo circunstancias normales, todos nos preocupamos por una cosa u otra pero cuando esas ansiedades comienzan a consumirnos, entonces se convierte en un problema serio. Aunque no todos sufrirán de ese grado de preocupaciones, algunas personas son más propensas a padecer de esos trastornos que otros, especialmente las personas con antecedentes de trastorno de ansiedad. Los científicos han descubierto que sobre pensar puede activar varias áreas del cerebro que regulan la ansiedad y el miedo.

Pero incluso si nunca tuviste un historial de trastorno de ansiedad, es posible que aún seas propenso a pensar demasiado, especialmente si asumes la responsabilidad de ser un "solucionador de problemas". Tu mayor fortaleza como pensador analítico puede terminar convirtiéndose en tu peor enemigo, especialmente cuando te quedas atrapado en un lodazal de pensamientos improductivos. Además, los sentimientos de incertidumbre en gran medida pueden inducir un trastorno de pensamiento excesivo. Por ejemplo, si ocurriera un cambio significativo como una gran pérdida en tu vida, es posible que pierdas el control de tu mente y esta se sumerja en una dirección obsesiva e improductiva.

Es reconfortante saber que se puede superar el exceso de pensamientos (y la ansiedad). Hay muchas técnicas efectivas para resolver las ansiedades, sin importar la causa, ya sea el exceso de pensamientos debido a una relación fallida, problemas de salud o financieros. Mantente atento, ya que este libro te guiará a través de las técnicas sobre cómo detener el exceso de pensamientos. Pero primero, este libro comenzará definiendo cada problema y luego discutiendo las soluciones más efectivas para cada uno.

Capítulo 1: ¿Qué es la Sobrepenxamiento?

Como su nombre indica, pensar demasiado simplemente significa pensar demasiado. En realidad, cuando pasas más tiempo pensando en lugar de actuar y participar en otras actividades, entonces estás pensando demasiado. Puedes encontrarte analizando, comentando y repitiendo los mismos pensamientos una y otra vez, en lugar de tomar acciones, entonces estás pensando demasiado. Estos malos hábitos pueden obstaculizar tu progreso, dejándote improductivo.

Cada individuo experimentará el pensamiento excesivo de manera diferente y ninguna persona piensa de la misma manera. Pero en general, todos los que piensan demasiado estarán de acuerdo en que la calidad de su vida ha sido afectada por su incapacidad para controlar sus pensamientos negativos y emociones. Estos hábitos hacen que sea muy difícil para la mayoría de las personas socializar, ser productivas en el trabajo o disfrutar de pasatiempos debido a la enorme cantidad de tiempo y energía que su mente consume en una línea específica de pensamientos. Tales emociones incontroladas pueden ser muy dañinas para la salud mental del individuo.

Pensar demasiado dificulta hacer nuevos amigos y mantener amigos, te resultará difícil conversar con ellos porque estás demasiado preocupado por qué decir o qué hacer para mantener la conversación. Algunas personas afectadas por este trastorno pueden encontrarlo desafiante participar en conversaciones generales o interactuar con otros incluso en un entorno normal. Además, algunos pueden tener problemas para cumplir con una cita o ir a la tienda. Este tipo de pensamiento desperdicia tiempo y drena tu energía, evitándote así tomar medidas o explorar nuevas ideas. También obstaculiza el progreso en la vida. Esto se puede comparar con atar una cadena conectada a un poste alrededor de tu cintura y luego correr en círculos estarás ocupado pero no serás productivo. Pensar demasiado deshabilitará tu capacidad para tomar decisiones acertadas.

Bajo tales circunstancias, es más probable que estés preocupado, ansioso y falto de paz interior. Sin embargo, al dejar de darle tantas vueltas a las cosas, serás más productivo, feliz y disfrutarás de más paz.

¿Por qué pensamos demasiado?

Hasta ahora, hay dos explicaciones principales para la razón por la que las personas piensan demasiado:

- El cerebro que piensa demasiado.
- Cultura contemporánea.

El Cerebro que Sobrepiensa

Nuestro cerebro está diseñado de tal manera que todos nuestros pensamientos están interconectados en redes y nodos. Por ejemplo, los pensamientos sobre el trabajo pueden estar en una red, y los pensamientos sobre la familia en otra.

Existe una fuerte conexión entre nuestras emociones y estados de ánimo. Las actividades o circunstancias que estimulan sentimientos negativos parecen estar conectadas a una red, mientras que aquellas que inducen felicidad están vinculadas a otra red.

Aunque esa interconexión de sentimiento y pensamiento puede ayudar a las personas a pensar más eficientemente, también puede hacer que las personas piensen demasiado.

En general, los estados de ánimo negativos a menudo activan pensamientos y recuerdos negativos, incluso si dichos pensamientos no están relacionados. Reflexionar demasiado mientras se está en un estado de ánimo negativo puede llenar la mente con muchas ideas negativas y cuanto más una persona reflexione excesivamente, más fácil será para su cerebro inducir asociaciones negativas.

Según la investigación de expertos en el cerebro, se ha descubierto que el daño (o conexión incorrecta) de ciertas áreas del cerebro puede hacer que uno sea propenso a la depresión y a pensar demasiado. Tales áreas incluyen la amígdala y el hipocampo, que están involucrados en el aprendizaje y la memoria, y la corteza prefrontal, que ayuda a regular las emociones. Este conocimiento explica en parte por qué algunas personas piensan demasiado más que otras.

La Generación de la Sobrepensación. Los informes de los estudios realizados por el autor mostraron que los jóvenes, así como los individuos de mediana edad, tienden a sobrepensar incluso más que los ancianos (los mayores de 65 años) lo hacen.

¿Qué puede ser responsable de esto? Hay 4 posibles tendencias culturales que pueden ser responsables:

- Obsesión por el derecho: Hoy en día muchos tienen un sentido exagerado de derecho. Se sienten con derecho a ser ricos, exitosos y felices y, como tal, nadie puede impedirles obtener lo que se merecen. Por lo tanto, la mayoría de las personas se preocupan porque no están obteniendo lo que merecen, intentan descubrir qué les está frenando. Esta actitud de sobre pensar ha convertido a muchos en una bomba de tiempo, listos para explotar ante la menor provocación.

- El vacío de valores: La mayoría de las personas hoy en día, especialmente los jóvenes, han cuestionado todos los valores que sus padres les transmitieron, como la religión, la cultura y las normas sociales. Por lo tanto, estas personas se quedan con pocas opciones y sin valores, lo que hará que cuestionen cada elección que hagan y se pregunten si tomaron la decisión correcta. (Esto también puede llevar a pensar demasiado).

- Cultura del ombligo: La cultura moderna y la psicología popular a menudo animan a las personas a ser más expresivas y a desarrollar más autoconciencia. Sin embargo, la mayoría de las personas a menudo llevan esto al extremo, volviéndose excesivamente centradas en sí mismas, se sobreanalizan a sí mismas y a sus sentimientos. Muchas personas pierden demasiado tiempo "mirando fijamente a sus ombligos", reflexionando sobre el significado de cada cambio emocional.

- La necesidad compulsiva de soluciones rápidas: El siglo XXI está lleno de personas que tienden a buscar soluciones rápidas, en lugar de tomarse el tiempo para resolver las cosas gradualmente. Por ejemplo, si alguien está triste o preocupado, puede recurrir a alguna solución rápida como beber alcohol, ir de compras, tomar medicamentos recetados, involucrarse en un nuevo deporte o hobby, u otras actividades. En resumen, las soluciones rápidas solo proporcionan una solución temporal (o incluso incorrecta).

Síntomas de pensar demasiado

Tener una lista bien definida de síntomas de pensamiento excesivo puede ser de gran ayuda. De hecho, la conciencia es tu mejor defensa, te ayudará a saber cuándo estás en la zona de peligro, y no estar alerta es muy peligroso para tu bienestar mental.

Estar atento a los siguientes síntomas puede ayudarte a llevar a cabo una prueba de trastorno de pensamiento excesivo. Si observas que estás experimentando el trastorno de pensamiento excesivo, es posible que observes uno o más de los siguientes síntomas:

- Cuando no puedes dormir: Intenta todo lo posible para descansar bien, pero tu mente simplemente no se apaga. Luego llegan la agitación y las preocupaciones.

- Si te automedicas: La investigación sobre el trastorno de la rumiación excesiva ha demostrado que aquellos que lo padecen suelen recurrir a la comida, alcohol, drogas o cualquier medio para modular los sentimientos.

- Normalmente estás cansado: El cansancio puede ser resultado del insomnio, o debido a pensar repetidamente lo cual te quita la energía.

- Quieres estar en control de todo: Intentas planificar todos los aspectos de tu vida hasta el último detalle. Pero la verdad es que hay un límite a lo que puedes controlar.

- Te obsesionas por el fracaso: El miedo al fracaso te ha convertido en un perfeccionista y a menudo imaginas lo mal que pueden salir las cosas si no salen bien.

- Temes al futuro: En lugar de emocionarte por lo que depara el futuro, estás atrapado en tus pensamientos.

- Dudas de tu propio juicio: reconsideras cada decisión que tomas, desde lo que te pones, hasta lo que dices, y cómo te relacionas con los demás.

- Tienes dolores de cabeza por tensión: podrías experimentar dolores de cabeza por tensión crónica como si un vendaje apretado rodeara tus sienes. Además, también podrías sentir dolor o rigidez alrededor de la región del cuello. Todos estos son signos de que necesitas un largo descanso.

Si alguno de los signos anteriores ocurre con demasiada frecuencia, los psicólogos dirán que eres una persona que piensa demasiado o un rumiante. Según los psicólogos, pensar demasiado puede afectar el rendimiento, causar ansiedad o incluso llevar a la depresión.

Peligros de ser un pensador excesivo

Si todavía te sientes mal por un error que cometiste semanas atrás o estás ansioso por el mañana, la verdad es que pensar demasiado en todo puede afectar tu salud de manera negativa. No poder liberarte de tus preocupaciones te llevará a un estado de angustia persistente.

Es cierto que todos a veces pensamos demasiado en situaciones. Pero esto es diferente de ser un verdadero pensador excesivo, alguien que lucha por silenciar sus constantes avalanchas de pensamientos.

Tres peligros de ser una persona que piensa demasiado:
1. Aumenta tus posibilidades de enfermedad mental: Según un estudio de 2013 publicado en el Journal of Abnormal Psychology, los informes muestran que pensar demasiado en

tus errores, deficiencias y desafíos puede aumentar tu riesgo de enfermedad mental.

La rumiación es perjudicial para la salud mental y puede sumergir a una persona en un ciclo vicioso del que es difícil liberarse, y a medida que la salud mental se desploma, se tiende a rumiar más.

1. **Interfiere con la resolución de problemas. Informes de varios investigadores han demostrado que las personas que piensan demasiado siempre asumen que al volver a analizar sus problemas en sus mentes, se están ayudando a sí mismos. Pero esto no es en absoluto cierto, más bien, muchos estudios mostraron que dichas acciones pueden llevar a la parálisis por análisis.**

Cuando analizamos todo en exceso, puede interferir con nuestra capacidad para resolver nuestros problemas. Terminarás perdiendo tiempo pensando en el problema en lugar de en la posible solución.

También afectará al proceso simple de toma de decisiones, como elegir qué ponerse para Acción de Gracias o decidir cuándo irse de vacaciones. Lo doloroso es que pensar demasiado no te ayudará ni siquiera a tomar una mejor decisión.

1. **Afecta tu sueño: Como una persona que piensa demasiado, es probable que entiendas muy bien este hecho. Cada vez que tu mente se niega a apagarse, entonces no habrá sueño esa noche.**

Estudios respaldan este hecho, y hay evidencia de que la ansiedad y la rumiación llevarán a menos horas de sueño. Es más probable que pases horas rodando de arriba abajo en la cama antes de finalmente quedarte dormido.

Tomar una siesta, más tarde, puede que no sea de ninguna ayuda, la ansiedad y el pensar demasiado afectan la calidad del sueño que obtendrás, las posibilidades de caer en un sueño profundo después de haber estado pensando son muy escasas.

Tres Tipos de Sobre-pensamiento

1. Pensar demasiado y desahogarse: Este es el tipo más común y muchas veces resulta de alguna injusticia percibida que se cometió en tu contra. Puedes sentir que fuiste tratado injustamente y, como tal, estás excesivamente obsesionado con vengarte. Aunque puedas tener razón al sentirte ofendido, pensar demasiado te impedirá ver lo bueno en los demás, en cambio, solo los verás como villanos. Tales sentimientos pueden resultar en actos de venganza autodestructivos e impulsivos. Por ejemplo, cuando te rechazan en una entrevista de trabajo, un pensador obsesivo puede empezar a considerar a los evaluadores como parciales o estúpidos e incluso podría pensar en demandar a la empresa por posibles discriminaciones.

2. Pensar demasiado con vida propia: Este también es otro problema grave de los que piensan demasiado. Un simple estímulo puede llevar a un ciclo continuo de pensamientos negativos viciosos y posibilidades interminables, cada una más malvada que la anterior. Tome, por ejemplo, a un pensador excesivo que comienza a preguntarse por qué se siente deprimido y a partir de ahí, pasa a pensar en estar sobrepeso, por qué no debería tener amigos cercanos, por qué está siendo tratado mal en el trabajo, y por qué no es amado en casa. Para él, todos estos sentimientos negativos parecen verdaderos, incluso pensamientos imaginarios. Tales sentimientos negativos pueden llevar a malas decisiones, como pelear con su esposa o amigos, o incluso renunciar a su trabajo.

3. Pensamientos caóticos: Este es un tipo de sobre-pensamiento que se caracteriza por preocupaciones y problemas aleatorios e inconexos. Esto puede ser paralizante mental y emocionalmente porque estas personas están confundidas sobre la verdadera causa de cómo se sienten. Con mayor frecuencia,

tales individuos recurren al abuso de drogas o alcohol, solo para escapar de sus pensamientos.

Capítulo 2: Ansiedad y Rumiar.

Uno de los signos aterradores de cualquier tipo de trastorno de ansiedad es la propensión a pensar demasiado en todo. La ansiedad y el exceso de pensamiento pueden ser llamados socios malévolos. Un cerebro ansioso siempre está hiper vigilante y en búsqueda de cualquier posible peligro. Probablemente alguien alguna vez te ha acusado de siempre crearte problemas a ti mismo a partir de asuntos insignificantes. Personalmente, pienso que en realidad son problemas. ¿Por qué? Simplemente, la ansiedad te hace pensar demasiado en cualquier cosa y todo. Cuando estamos ansiosos, sobre analizamos las cosas de varias maneras, y el producto de nuestro exceso de pensamiento no es frecuentemente beneficioso. Sin embargo, la ansiedad y el exceso de pensamiento deberían ser temporales y no una característica permanente de nuestra existencia.

Formas en que la ansiedad causa pensamiento excesivo

El producto final de varios tipos de ansiedad es pensar demasiado en todo. Hay varios términos para describir cómo la ansiedad lleva a pensar demasiado. Es posible que esta lista genérica te ayude a recordar pensamientos acelerados específicos que hayas experimentado o que probablemente estés experimentando y, por lo tanto, te ayude a darte cuenta de que hay miles de otras personas enfrentando el mismo problema.

- Estar excesivamente preocupados por quiénes somos y cómo nos ven los demás o si estamos cumpliendo con el estándar mundial (esto es una forma de ansiedad social y de rendimiento).

- Obsesionarse por lo que deberíamos decir/dijimos/deberíamos haber dicho/no deberíamos decir (otra ansiedad social común).
- Pensar en escenarios posibles llenos de miedo, como por ejemplo: ¿qué pasaría si algo malo nos ocurriera a nosotros, a nuestros seres queridos, o incluso al mundo entero (una forma común de trastorno de ansiedad generalizada).
- Temerosos, resultados asumidos de nuestros propios pensamientos salvajes, faltas asumidas y sentimientos de incompetencia (todas formas de trastornos de ansiedad).
- Ansiedad por múltiples pensamientos obsesivos, principalmente los aterradores, y pensar en ellos continuamente (una forma de trastorno obsesivo compulsivo).
- Pensamientos, darle muchas vueltas, pensamientos vagos, una cadena de ansiedad que se desploma y pensamientos específicos (todas formas de trastornos de ansiedad).
- Miedo de experimentar ataques de pánico en público y sentir demasiado miedo para salir de casa debido a esta ansiedad (una forma de trastorno de pánico con/sin agorafobia).

Resultado de la ansiedad y la sobrethinking

Cuando estás ansioso, los pensamientos no solo pasan por tu cerebro y desaparecen, más bien, pasan por tu cerebro continuamente. Esos pensamientos se pueden comparar con un atleta corriendo en una cinta, sigue corriendo pero no llega a ningún lugar al final, se queda agotado y cansado. Uno de los efectos secundarios de darle vueltas excesivas a los pensamientos relacionados con la ansiedad es que es probable que terminemos sintiéndonos agotados tanto física como emocionalmente. Tener episodios de los mismos impulsos ansiosos pasando por nuestro cerebro definitivamente pasará factura.

Otro lado oscuro de la ansiedad y la sobrethinking es que tarde o temprano, empezaremos a percibir todo lo que pasa por nuestra mente como realidad. Quizás creamos que lo que pensamos se convierte en realidad y si constantemente pensamos en ello, se vuelve muy real. ¿Verdad? No. Esta es una de las trampas que intenta jugar la ansiedad en nuestras mentes.

Pero la buena noticia es que todos tenemos la capacidad y el poder de detenernos para no sentir ansiedad y dejar de pensar demasiado en todo. Aunque este es un proceso que implica múltiples pasos, en este momento, el mejor paso que puedes tomar es encontrar algo que te pueda distraer del exceso de pensamientos. En vez de luchar con tus pensamientos, dirige tu atención lentamente hacia algo neutral, algo completamente diferente. Al reflexionar sobre algo que no tiene importancia, estarás evitando indirectamente pensar demasiado en todo.

El efecto de la "levadura"

Sobre pensar tiene un efecto de "levadura" en tus pensamientos. Al igual que una masa, tu mente puede amasar pensamientos negativos y, antes de que te des cuenta, crecerá hasta el doble de su tamaño inicial. Por ejemplo, si un cliente está insatisfecho con tus servicios, puedes comenzar a preguntarte si todos los demás clientes también están insatisfechos sin pensar que probablemente la mayoría de los clientes estén satisfechos con tus servicios. Si no tienes cuidado, con el tiempo, podrías llegar a una conclusión desalentadora de que tus servicios no son lo suficientemente buenos. Tus pensamientos incluso pueden llevarte de regreso a tu matrimonio y puedes comenzar a preguntarte si tu pareja está satisfecha contigo o si eres lo suficientemente bueno para ella o no. Piensas en lo perfecta que es, cómo maneja todo de manera impresionante, y concluyes que eres totalmente indigno de ella.

El efecto de "lente distorsionada"

Otro efecto de pensar demasiado es lo que se llama el efecto de la "lente distorsionada" y lo que esto significa, es que tus pensamientos solo se centran y magnifican tus defectos o lado malo y lo que tus pensamientos ven es solo desesperanza. Por ejemplo, cuando tu hijo llega a casa con una mala calificación o se mete en una pelea, puedes preocuparte de que esté creciendo mal. En poco tiempo, comenzarás a verte a ti mismo como un mal padre y que más adelante en el futuro, tus hijos terminarán convirtiéndose en adultos malos.

Qué no es la sobrepensación

Preocuparse es bastante diferente de pensar demasiado. Las personas a menudo se preocupan por cosas que pueden o pueden suceder o posiblemente salir mal. Sin embargo, quienes piensan demasiado hacen más que simplemente preocuparse por el presente, también se preocupan por el pasado y el futuro. Mientras que los que se preocupan piensan que cosas malas podrían suceder; los que piensan demasiado piensan hacia atrás y están muy convencidos de que algo malo ya había sucedido.

Individuos con trastorno obsesivo-compulsivo (TOC) también son diferentes de simplemente pensar demasiado. Aquellos con TOC están excesivamente obsesionados con todo o cualquier factor externo, como la suciedad o los gérmenes, por lo que sienten que tienen que lavarse las manos repetidamente para mantenerse saludables. Estos individuos obsesionan sobre acciones muy específicas y otros asuntos que parecen triviales o absurdos para el resto del mundo, como "¿Cerré la puerta?"

Concluyendo, sobre pensar definitivamente no es "pensar profundamente". Si bien es saludable estar en sintonía con los sentimientos de uno para examinar las acciones; sobre pensar, por otro lado, es insalubre.

Cómo dejar de pensar demasiado en todo

Ya sea que no hayas comprado un coche nuevo en los últimos 5 años porque no has encontrado el perfecto o no has sido productivo porque cada decisión que tomas consume tanto tiempo, pensar demasiado puede retrasar tu progreso.

Con gusto, puedes superar la sobrethinking y volverte más productivo. En los próximos 27 capítulos, hay diferentes pasos que se han desglosado para ayudarte a dejar de pensar demasiado en todo. Al aplicar nuevas técnicas y aprender nuevas habilidades, podrás tomar decisiones acertadas y oportunas con poco o ningún estrés.

Capítulo 3: Intenta detenerlo antes de que comience.

Encárgate de tus pensamientos antes de saltar al oscuro abismo de la sobre-pensamiento, es imperativo que primero aclares sobre qué estás realmente pensando demasiado y también reflexiones sobre las formas negativas en que la sobre-pensamiento está afectando tu vida. Esta claridad te ayudará a mejorar tu determinación para luchar contra la tendencia de sobre-pensar.

Creencias limitantes.

Lo primero que necesitas hacer es seleccionar las preguntas "¿y si...?" que probablemente te hagas a ti mismo. Tales preguntas son automáticamente estimulantes de pensar demasiado.

Pregúntate a ti mismo:
- ¿Cuáles son las preguntas comunes de "qué pasaría si" que normalmente me hago?
- ¿Qué circunstancias o situaciones suelen desencadenar estas preguntas?

Puede ser que estés pensando demasiado porque a menudo haces las preguntas equivocadas. La mayoría de las veces, en lugar de buscar soluciones al problema, estás ocupado pintando escenarios de "y si" en tu mente, preguntándote acerca de todas las posibles cosas negativas que pueden ocurrir.

Entonces, toma una respiración profunda e intenta identificar todas las preguntas de "¿qué pasaría si?" que a menudo te haces a ti mismo. Además, intenta detectar circunstancias específicas que probablemente desencadenen tales preguntas.

El siguiente paso es adentrarse en cualquier creencia limitante que puedas tener, e intentar obtener una mejor comprensión de algunos de los efectos que tales pensamientos tienen en tus preocupaciones.

Pregúntate a ti mismo:

- ¿Cuáles son mis "pensamientos" sobre pensar demasiado?
- ¿Cómo afectan tales creencias a las elecciones y decisiones que tomo?
- ¿Tienen tales pensamientos alguna ventaja?
- ¿Cuáles son los efectos secundarios a largo plazo de tales creencias?

Cuando estás pensando demasiado en algo, es una clara evidencia de que estás aferrándote a cierto conjunto de creencias que afectan cómo piensas y cómo respondes en esa situación. Para enfrentar el hecho, te estás aferrando a esas creencias porque sientes que te son beneficiosas. Probablemente, sientes que son ventajosas porque te dan un sentido de control sobre ciertas circunstancias o áreas específicas de tu vida. Pero lamentablemente, esas creencias te están lastimando porque te impiden lidiar con las principales razones por las que estás pensando demasiado, lo cual es un problema grave en sí mismo.

La mejor manera de conquistar tus creencias limitantes es desafiarlas directamente. A continuación se presentan algunos ejemplos de ciertas preguntas que puedes hacerte:

- ¿Por qué creo que no puedo controlar la sobrethinking?

- ¿Por qué creo que pensar demasiado es beneficioso?
- ¿Hay alguna evidencia que respalde tales pensamientos?
- ¿Es la evidencia creíble y confiable?
- ¿Es posible para mí ver esta situación desde otro ángulo?
- ¿Tengo alguna evidencia que contradiga mis creencias sobre esto?
- ¿Qué me dicen estos sobre mi mal hábito de pensar demasiado?

Si dedicas más tiempo a cuestionar diligentemente tus creencias limitantes sobre la sobrethinking, descubrirás que este pensamiento profundo es beneficioso, ya que detectarás más agujeros y todo esto te facilitará abandonar tales creencias y, por lo tanto, fortalecer tu determinación para seguir buscando soluciones a tus problemas.

Todos los pensamientos que llevan a pensar demasiado son simplemente problemas que necesitas resolver. Pero, si estás constantemente nadando en un mar de preocupaciones incontrolables, nunca podrás resolver tus problemas.

Estrategias de afrontamiento poco útiles

En este punto, tómese un momento para reflexionar sobre algunas de las estrategias que utiliza regularmente para manejar sus pensamientos.

Pregúntate:

- ¿Cuáles son las estrategias que empleo para lidiar con mis pensamientos?
- ¿Qué hago para evitar mis preocupaciones?
- ¿Cuáles son algunas estrategias que he intentado para controlar mis pensamientos?
- ¿Suelo suprimir mis pensamientos? Si es así, ¿cómo?
- ¿Suelo intentar distraerme de mis preocupaciones? De ser así, ¿de qué formas específicas?
- ¿Cómo suelo manejar mis preocupaciones?
- ¿De qué maneras específicas me ayudan todas estas estrategias de afrontamiento?
- ¿Cómo me afectan estas estrategias de afrontamiento?
- ¿Cuáles son algunas mejores formas de manejar mis preocupaciones?

Obtener claridad sobre las estrategias comunes que sueles utilizar para manejar tus preocupaciones te ayudará a obtener retroalimentación valiosa que podrás usar de manera efectiva para controlar tus preocupaciones en el futuro.

Prepárate para entrenar tu cerebro para establecer una relación saludable con tus pensamientos.

Tus pensamientos son definitivamente diferentes de la realidad. Sin embargo, tus pensamientos pueden tener un fuerte impacto en ti en la vida real, dependiendo de cómo los percibas.

Descarta el dicho de que eres tus pensamientos. Más bien, busca formas de establecer una conexión con tus pensamientos y mantener una relación saludable con ellos.

Si observas que un pensamiento en particular sigue apareciendo en tu mente, puedes hacerte estas preguntas:

- ¿Percebo este pensamiento como simplemente un constructo mental o creo que es la realidad?
- ¿Estos pensamientos me mantienen despierto toda la noche, o simplemente los dejo ir?
- ¿Acepto los pensamientos tal como vienen o intento cambiarlos?
- ¿Estoy abierto a otros pensamientos o simplemente me cierro a ellos?
- ¿Qué pensamientos despierta este pensamiento en mí?

Después de plantear tales preguntas, espera a que aparezcan las respuestas, aunque estas pueden no ser obvias al principio, plantear tales preguntas es muy importante. Gradualmente, podrás relacionarte con tus pensamientos.

Simplemente puedes preguntar, "¿Pero esto es verdad?"

El mejor tipo de relación que puedes establecer con tus pensamientos es aquella que está llena de aceptación y, al mismo tiempo, una medida de sana distancia. Lo que esto significa es que estás abierto a cualquier pensamiento y no intentas actuar como si no existieran; sin embargo, también puedes intentar en la medida de lo posible no dejar que te arrastren hacia abajo.

Por ejemplo, si tuviste una mala experiencia con un cajero grosero, puedes comenzar a pensar que las cosas podrían ser mejores si simplemente hubieras ido a otra caja, pero no necesitas creer en tales interpretaciones mentales porque son meras suposiciones y no la realidad última. ¿Cuáles son las posibilidades? Probablemente esta persona en particular es un cajero maravilloso que simplemente está teniendo un mal día y tal vez si hubieras elegido la otra fila seguirías en la cola. Tales pensamientos te mantienen abierto a las posibilidades.

Cuando te felicitas a ti mismo o reconoces que te sientes orgulloso de lo que hiciste, tiendes a disfrutar de esos sentimientos. Por ejemplo, cuando te dices a ti mismo: "¡Bien hecho, yo! ¡Lideré al equipo hasta la cima!" Sin embargo, esto no significa que tu rendimiento en el próximo juego vaya a ser igual. Tampoco te convierte en una "mejor persona" porque tu valía no está ligada a lo bien que puedas liderar un equipo.

Siempre desafía tus pensamientos. Aprende a identificar y detener cualquier pensamiento adicional.

Capítulo 4: Enfoque en la Resolución Activa de Problemas.

Formas activas de resolver problemas son una de las habilidades más valiosas que necesitamos pero raramente pensamos en ellas en nuestras ajetreadas vidas diarias. Más bien, a menudo centramos nuestra atención en tratar de abordar las diversas emociones difíciles que enfrentamos. Es cierto que también necesitamos habilidades de afrontamiento para limitar la rumiación, pero es igualmente importante armarnos con habilidades que podamos usar para manejar o lidiar con problemas que causan rumiación. Este es el papel que desempeñan las habilidades activas de resolución de problemas.

Tenemos que entender que hay ciertas circunstancias que están más allá de nuestro poder y que no podemos cambiar. Por lo tanto, pensar demasiado en este tipo de circunstancias no tiene beneficio alguno. Sin embargo, no tienes que dejar de buscar formas de resolver otros problemas simplemente porque no puedes ver una solución obvia.

Necesitamos entender la diferencia entre las habilidades productivas para resolver problemas y pensar demasiado. Algunas de las características de pensar demasiado incluyen las siguientes:

- Te hace repetir los mismos pensamientos una y otra vez.
- Te hace seguir buscando "soluciones" a problemas que sabes que no tienes el poder de cambiar.
- Te hace centrar tu atención en cambiar cosas que ya ocurrieron en el pasado.

Sin embargo, las habilidades para resolver problemas tienen las siguientes características:

- No te hace pensar en lo mismo una y otra vez.
- Termina produciendo soluciones alternativas, la mayoría de las cuales están dentro de tu capacidad de ejecutar.
- Te hace sentir positivo, y sentir que estás logrando algo valioso incluso antes de llegar a una solución.

¿Qué es la resolución activa de problemas?

A menudo es más efectivo y beneficioso centrarse en tratar de resolver el problema en cuestión que tratar de controlar cómo te sientes acerca del problema. Enfrentar tus problemas de frente te ayudará a tener control de tu vida con menos estrés. Este proceso de manejar problemas se conoce como resolución activa de problemas. Se enfoca en hacer esfuerzos activos para resolver el problema desde la raíz, en lugar de pasar por alto el problema.

Sin embargo, este proceso no es tan fácil como parece. Enfrentar nuestros problemas directamente puede ser muy difícil a veces. Esto se debe a que tienes que enfrentar tus miedos, abordar conflictos o, en ocasiones, salir de tu zona de confort hasta que el problema se resuelva. Pero la resolución activa de problemas en realidad tiene beneficios a largo plazo porque ayuda a reducir el malestar futuro ya que el problema ya no perturba tu mente.

Preguntas para hacerte

Hay varias razones por las que necesitas hacerte estas preguntas. Puede ser que tengas dudas sobre los movimientos comerciales que planeas tomar, o que estés enfrentando algunos desafíos en tu relación, encontrar respuestas a estas preguntas te ayudará a saber si eres del tipo que piensa demasiado o que resuelve problemas.

- ¿Siempre me enfoco en el problema o busco una solución? Considerar diversas maneras de salir de deudas puede ser útil. Pero enfocar tu atención o preocuparte por lo que sucederá si eventualmente te quedas sin hogar debido a tu situación financiera no es el camino a seguir.

- ¿Hay una solución a este problema? Es bueno aceptar el hecho de que no todos los problemas se pueden resolver. Por ejemplo, un ser querido con una enfermedad terminal, o un error que ya cometiste en el pasado no se pueden deshacer. Sin embargo, aún puedes controlar cómo respondes a tales situaciones. La resolución de problemas puede implicar aprender a sanar tus emociones o un procedimiento para resolver el problema. Pero la sobre-pensar, por otro lado, implica volver a pensar en cosas que ya sucedieron o desear que las cosas fueran diferentes.

- ¿Qué lograré pensando en esto? Suponiendo que estás reviviendo un evento pasado para obtener nuevas ideas o aprender de él, esto podría ser útil. Pero si todo lo que estás haciendo es volver a reproducir tus errores, repasar una conversación pasada, o simplemente imaginar todas las cosas que podrían salir mal, entonces estás pensando demasiado.

¿Cuándo es efectiva la resolución de problemas activa?

En la vida, hay algunas situaciones que no podemos controlar. En este tipo de situación, ningún plan activo de resolución de problemas puede cambiar las cosas. Todo lo que tenemos que hacer es aguantar y luego seguir adelante.

No puedes resolver un problema sobre el que no tienes control. La mayoría de estos problemas tienen que ver con las decisiones de otras personas. Por ejemplo, tu hermana acaba de tomar la decisión de casarse con su pareja de toda la vida y tú, por otro lado, estás en contra de la decisión. Ahora, la decisión no es tuya para tomar, así que no puedes controlar la situación. Por lo tanto, no puedes resolverla.

Mirando otro escenario, donde la calefacción en tu casa no funciona y eso ha causado un problema entre tú y tu casero. Esta situación puede resolverse mediante un enfoque activo de resolución de problemas porque está bajo tu control o puedes decidir soportar la casa fría usando habilidades centradas en la emoción.

Cómo usar la resolución activa de problemas.

Evaluar la situación. Ciertas cosas nos afectan diariamente; algunas personas se preocupan tanto por ellas que les roba la alegría y la felicidad. Cuando nos encontramos con problemas como estos, primero debemos evaluar la situación. Antes de abordar cualquier problema, deberás evaluar el problema en cuestión. Considera si puedes controlar el resultado de los eventos, si el problema se puede resolver o soportar. Si se puede resolver, ¿cómo puedes hacerlo? Todo esto, tenido en cuenta, te ayudará a manejar las situaciones o problemas de mejor manera.

Determine la acción más efectiva a seguir. Después de la primera etapa, en la que se evalúa la situación y se re

Tomando como ejemplo el problema del propietario e inquilino mencionado anteriormente, hay diferentes formas de resolver ese problema. Una manera de abordarlo es gritarle al propietario y asegurarse de que su vida sea un infierno hasta que arregle la calefacción. La otra opción puede ser escribir una carta a tu propietario, explicando el problema que estás enfrentando con la calefacción, luego debes documentar una copia para ti mismo. Sin embargo, esto debería hacerse en base a los derechos del inquilino en tu provincia. Ahora, hay dos opciones que pueden resolver el problema, pero ¿cuál es la más apropiada?

La primera opción puede parecer más fácil y rápida pero piensa en las consecuencias. Ningún arrendador estará contento con esa reacción y esto puede crear más problemas para ti. Sin embargo, la última es la opción más efectiva.

Puede ser difícil tomar decisiones solo, especialmente cuando hay emociones involucradas. Por lo tanto, busca el consejo de buenos amigos o terapeutas que puedan ayudarte a ver mejores opciones.

Convierte el pensamiento excesivo en resolución de problemas. ¿Para qué sobre pensar cuando puedes resolver el problema? El pensamiento excesivo no te beneficia, más bien consume la energía que podrías haber usado para resolver el problema y lograr un propósito. Sé muy consciente de detenerte cuando te veas obligado a sobre pensar. Por lo tanto, en lugar de desperdiciar tu tiempo y energía preocupándote, úsalo para resolver problemas de manera activa. Esto no solo te dará paz mental, sino que podrás deshacerte de algunos problemas.

Conoce la diferencia entre resolver problemas y preocuparse.

Capítulo 5: Considera el peor escenario posible.

Parece un poco impráctico, ¿verdad? Cuando estás totalmente asustado y abrumado por el estrés, lo último que querrás hacer es pensar en el peor escenario posible. ¿Verdad?

Nuestra mente nos cuenta historias convincentes. Nuestros pensamientos son lo suficientemente poderosos como para decidir qué hacemos o no hacemos. Un método para controlar el exceso de pensamiento es imaginar el peor escenario posible.

Si estás pensando demasiado, habrá un aumento en tu esfuerzo mental y esto influirá negativamente en tu rendimiento. Hacer planes para una situación difícil asegura que estés preparado para cualquier sentimiento horrible durante el transcurso del evento, por lo que te estás preparando para maximizar todo tu potencial.

Para redirigir tus pensamientos hacia algo más positivo, aquí tienes tres afirmaciones personales cortas. Al utilizar una o más de ellas, puedes lograr la tranquilidad y seguir adelante.

"No está sucediendo actualmente. Seguro, es definitivamente probable que ocurra un evento desafortunado, pero no está sucediendo actualmente. Esta afirmación podría ayudarte a darte cuenta de que, en este momento, estás indemne."

"No importa lo que pase, puedo manejarlo." Esta frase te hace consciente de tus recursos internos y te motiva a superar los problemas de la vida. Esta idea proviene de la tradición de la Terapia Cognitivo-Conductual.

Soy responsable de mis problemas. ¿Puedo poner fin a esto? La primera sección de esta frase se originó en las Cuatro Nobles Verdades del Budismo. A veces, me digo a mí mismo "¡Soy responsable de mis problemas! ¡Otra vez!" Uso esta frase tan a menudo que ahora la he acortado a "responsable de sus propios problemas". Esto me ayuda a ahorrar tiempo.

La segunda parte de la frase, "¿Puedo ponerle fin?", tiene su origen en estudios motivacionales que aconsejan que es más probable que te sientas motivado haciéndote una pregunta, en lugar de decir "Puedo ponerle fin a esto", o de forma crítica - "Evita causarte más problemas a ti mismo" - esto solo crea problemas adicionales. La simple pregunta, "¿Puedo ponerle fin a esto?", te hace darte cuenta de que depende de ti tomar esa decisión. Definitivamente, si hay un evento desafortunado que podría suceder, tal vez una muerte en la familia, un divorcio, o un desastre natural, lo ideal será preguntarte, "¿Cuál es la mejor manera de prepararme en caso de que esto ocurra?". Preparar tu plan de acción puede ser un alivio para la preocupación.

Si eres responsable de tus propios problemas al hacerte preguntas del tipo "¿Y si...?", admite estos pensamientos, consuélate con alguna de las afirmaciones mencionadas anteriormente, y luego sigue adelante. Si descubres que tus pensamientos se desvían hacia tus pensamientos trágicos favoritos, no te desanimes. Realizar cambios en tus hábitos de pensamiento puede ser difícil y se esperan recaídas. De hecho, controlar los pensamientos trágicos es un proyecto que puede durar toda la vida. Sin embargo, las autoafirmaciones positivas pueden ayudarte a superar los "¿Y si...?" muy rápidamente, para que puedas concentrar tus pensamientos en las cosas que son importantes para ti.

Qué hacer cuando se está considerando el peor de los casos

Dado que soy un verdadero hijo de mi madre, pensar en el peor escenario posible me resulta natural. ¿Cómo podemos prevenir esto, ya que ese tipo de pensamiento está arraigado en nuestro ADN?

Entonces....

- Ten en cuenta que tu peor, es solo tu peor. Lo que consideras como tu peor escenario posible se basa exclusivamente en tus experiencias personales y conocimientos. Estrictamente hablando, siempre hay alguien que está enfrentando una situación más terrible. Por lo tanto, tu peor tal vez ni siquiera sea el peor escenario posible.

- Sabe que no sabes lo peor. No creas que sabes lo peor. Hace mucho tiempo, mi madre me dijo que creó el peor escenario posible que puede suceder. Y como le dije a mi madre, es difícil pensar en TODAS las posibilidades. Deja de intentarlo, es simplemente imposible.

- Reenfoca tu energía. Puede ser muy agotador pensar en todos los peores escenarios posibles. Si gastas tanta energía en pensar, no queda energía para tomar acción. Así que canaliza tu energía de "¿Y si?" en concentrarte en dar pasos.

- Llega a un acuerdo con lo peor. Lo peor puede suceder y puede ser terriblemente terrible. No estás aprendiendo si no estás herido. Así que si ocurre lo peor, llega a un acuerdo con ello y aprende de ello.

Por qué deberías considerar el peor de los casos

A veces, cuando llegamos a la raíz de nuestro mayor miedo, nos damos cuenta de que no es tan aterrador. Si te ves obligado a ser innovador, tu sufrimiento puede dar resultados positivos, crear una solución y ayudarte a superar tus desafíos.

Hay algunas razones por las que esto es efectivo para mucha gente:

- Te permite regresar al momento presente. La mayoría de las veces, cuando nos sentimos asustados, es porque permitimos que nuestro cerebro divague con todos los posibles escenarios. Pensar en la peor posibilidad y aceptarla ayuda a traerte de vuelta al momento presente.

- Crea el espacio necesario para evaluar tus pensamientos y sopesar las posibilidades. Cuando evaluamos aquellas cosas que son muy importantes para nosotros, podemos proporcionar una explicación al miedo al preguntarnos, "¿Cuáles son las posibilidades de que esta cosa que me asusta realmente ocurra?" También puedes evaluar tus pensamientos a fondo con algunas preguntas básicas.

- Eventually, it enables you to process, certain that even if the worst comes to pass, you will still be fine. For a lot of "ifs," we simply want to know that the next step we take will not drive us to the darkest parts of the Earth. When we assess the worst possibility, taking that next step will be easier.

Al final, todos estamos haciendo intentos para garantizar nuestra seguridad y nuestra respuesta fisiológica al estrés es una excelente herramienta. Sin embargo, es importante evaluar el estrés para asegurarse de que la peor posibilidad sea realmente la peor y lo mejor que se puede hacer al enfrentar problemas es encontrar soluciones.

Aprende a moverte según el flujo, rendirte al viento, girar hacia un lado y tomar el mando.

Capítulo 6: Programar Tiempo para Pensar.

Pensar y darle demasiadas vueltas son dos cosas diferentes. Pensar es el proceso de considerar ideas, acciones y similares. Es un proceso de examinar y reflexionar sobre posibles reacciones, acciones o ideas. Este acto es muy importante y esencial antes de tomar decisiones. Puede que no sea tan fácil controlar cómo, cuándo y en qué pensar, pero esto es muy factible a través de una práctica constante. La práctica siempre hará al maestro.

Tan importante como pensar es, aún tenemos que tener control sobre en qué pensamos, cuándo pensamos y con qué frecuencia lo hacemos. Dejar que nuestra mente elija nuestros momentos de pensar por nosotros podría no ser tan saludable, ya que estaremos pensando al azar. Una forma de prevenir esto es programando nuestro tiempo de pensamiento en un período más cómodo y manteniéndolo.

El proceso de pensamiento es más adecuado durante el día que por la noche. Esto se debe a que nuestras mentes necesitan descanso, y el momento perfecto para descansar la mente es por la noche, mientras dormimos. Por lo tanto, en lugar de mantener la mente ocupada por la noche, úsala durante el día para pensar y resolver ciertos problemas. Esto te ayudará a tener un descanso nocturno perfecto. Sin embargo, cuando se trata de fantasear con algo, el momento más adecuado para hacerlo es por la noche y no durante las horas de trabajo cuando necesitas concentrarte.

Pensar demasiado es un hábito formado con el tiempo y cambiarlo puede llevar un tiempo. Es un proceso multifacético que requiere mucho más que simplemente decir palabras de determinación. Tienes que ser decidido en tus acciones y programar un tiempo para pensar es una de esas acciones que puedes tomar.

Los pasos del "Tiempo de Reflexión en el Calendario".

Programar tiempo para pensar puede parecer muy abstracto para principiantes, pero mejora con la consistencia. Hay pasos involucrados en hacer esto. A continuación se presentan los pasos o pautas que debes seguir. No importa lo tontos que parezcan los siguientes pasos, no detengas el ejercicio.

Seleccione un proceso de reflexión que se adapte a sus preferencias. Hay muchas formas en las que podemos reflexionar sobre las cosas, algunas de estas formas son: tener un diario, abrirse a alguien en quien confíes, dar un paseo y mucho más. Si un método no parece alcanzable, entonces prueba otro, pero tómate tiempo para meditar. Cuando tengamos problemas, no debemos desviarlos con charlas interminables sobre deportes, noticias y moda. Hablar sobre estas cosas no es malo, pero cuando ocupan nuestro tiempo de reflexión, se convierte en un problema.

2. Programa tiempo para pensar cada día durante una semana. Forma el hábito de pensar a la misma hora todos los días durante al menos una semana. Para empezar, puede ser un mínimo de 15 minutos, normalmente por la mañana o durante el día. Tu tiempo para pensar no debe ser por la noche justo antes de dormir. Esto se debe a que te mantendrá despierto y no dormirás lo suficiente como lo requiere el cuerpo.

3. Comienza poco a poco. Como principiante, no tienes que obligarte a pasar una hora reflexionando si no puedes cumplir con ello. Programar tiempo para pensar es un proceso. Es una cosa programar tiempo para pensar, es otra cosa cumplir con ello. Por lo tanto, comienza poco a poco, pueden ser 10 minutos o menos, siempre y cuando puedas cumplir con el tiempo.

4. No planifiques sobre lo que vas a pensar. Deja que esta cita contigo mismo sea

totalmente improvisada. No reserves exactamente sobre qué vas a pensar y no programes tu tiempo para que coincida con los días o períodos en los que tienes mucho trabajo por hacer. No debería haber una agenda para esta reunión, déjala ser un momento de sorpresa para ti y tus pensamientos.

5. Durante esa ventana de 15 a 30 minutos, anota todos los pensamientos que tengas. Antes de tu tiempo de pensar cada día, determina que no te preocuparás ni pensarás demasiado en los pensamientos que estás a punto de tener, hasta la próxima sesión de pensar. Esto te ayudará a mantener tus pensamientos bajo control incluso después del tiempo de pensar.

A veces, puede que no sepamos qué nos está molestando, pero con este paso, esas cosas serán reveladas. Es recomendable que durante nuestras horas de reflexión, tratemos de anotar los pensamientos que tuvimos. Esto nos ayudará a tener una visión más clara de lo que nos incomoda y lo que no. Antes de que termine tu tiempo de reflexión, si tu mente te lleva a las posibles soluciones a tus problemas, entonces está bien, pero si no, no pienses en el problema fuera de la ventana de reflexión.

6. Entre los tiempos de reflexión. No pienses en tus pensamientos durante el último período de reflexión hasta el próximo. Esto significa que no debes preocuparte por tus problemas o las soluciones a ellos fuera de tu tiempo de reflexión. No es tan fácil como parece, requerirá acciones deliberadas para evitar preocuparte por ciertos problemas al azar. Determina firmemente en tu interior preocuparte solo por tus problemas durante tu tiempo de reflexión programado.

Al final de la semana, tómate unos minutos para revisar lo que escribiste durante esa semana. Al final de cada semana, dedica tiempo a revisar tus pensamientos de la semana. Observa los pensamientos recurrentes, los que dejaron de aparecer después de un tiempo, los que seguían apareciendo, los cambios en tus pensamientos y cada detalle de tus patrones de pensamiento. Medita sobre estos descubrimientos, ya que te ayudarán a elegir los diez primeros de tu lista.

8. Haciendo esto durante una semana, considera intentarlo por otra más. Recuerda que la práctica hace al maestro, un hábito no se forma en un día, pero la consistencia lo hace posible. Practica los pasos anteriores con más frecuencia y

con el tiempo te darás cuenta de que tienes el control de tus pensamientos, dónde, cuándo y con qué frecuencia piensas.

El proceso de pensamiento es muy esencial como se mencionó anteriormente; es una de las medidas activas de resolución de problemas. Es una de las formas de lidiar con las incertidumbres de la vida. Esta vida está llena de riesgos, no podemos predecir qué sucederá en los próximos 30 minutos y esto ha llevado a muchas personas a preocuparse por cada pequeña cosa. Sin embargo, en lugar de entregarte a todas las causas de preocupación en la vida, puedes pensar en aquellas que puedes resolver y dejar ir las que no puedes.

Entrena tu mente para permanecer calmada y tranquila en situaciones.

Capítulo 7: Piensa de manera útil.

La mayoría de nosotros somos aficionados a darle vueltas a situaciones sobre las que realmente no podemos hacer nada. Para ser honesto, es totalmente inútil seguir pensando en estas cosas. Te recomendaría encarecidamente que comiences a pensar de manera efectiva.

Por ejemplo, has estado esperando con ansias una promoción en el trabajo. Debes recordar que obtener esa promoción está TOTALMENTE en manos de tu empleador, sin importar qué calificaciones adicionales agregues a tu currículum. Pensar inútilmente, en este caso, es una pérdida de tiempo y energía mental preguntándote si te va a ascender o no.

Por el contrario, tu pensamiento debe centrarse en lo que necesitas hacer para calificar para una promoción. Puede que necesites mejorar tus habilidades, obtener otro certificado, o incluso mostrar más dedicación a tu trabajo. Sea cual sea el caso, ¡piensa en producir resultados, no en lamentarte!

Estoy de acuerdo en que no es fácil romper algunos hábitos de pensamiento, pero liberarte de estos patrones puede desbloquear la inventiva en ti y tengo aquí varias formas de ayudarte a liberarte de estos patrones de pensamiento.

Probar teorías. Hay suposiciones esenciales para cada nuevo caso. Deberías probar estas teorías para una mayor variedad de oportunidades y perspectivas.

Presumes que no puedes permitirte comprar una casa o incluso hacer un depósito, por lo que no compras la casa basándote en esta suposición. Pon a prueba esa teoría evaluando tus activos para ver si su valor puede conseguirte esa casa a cambio. Quiero decir, es posible que no tengas el dinero en efectivo o en tu cuenta, pero no tomes una gran decisión basada en una suposición. Pregúntate qué puedes hacer para obtener el dinero y tal vez no parecerá tan imposible.

Parafrasea el problema. Puede que te sorprenda descubrir que te vuelvas innovador al expresarlo de manera diferente. Solo puedes lograr esto con una mente abierta y al ver el problema desde distintas perspectivas. Intenta observarlo desde afuera, sin sentimientos, para poder abordar el problema lógicamente. Hazte todas las preguntas difíciles pero importantes y será más fácil idear nuevos planes para resolver los problemas.

En la década de los años 50, las empresas que poseían envíos perdían su carga en vagones. Aunque más tarde intentaron centrarse en la construcción y desarrollo más rápidos, y en naves más eficaces, aún no pudieron solucionar los problemas. Pronto, un especialista cambió la descripción del problema, hablando de él de una forma completamente diferente. Sugirió que evaluar las formas en que la industria puede comenzar a reducir los costos debería ser el nuevo dilema. Esta nueva dirección de enfoque abrió puertas a nuevas estrategias. Se deliberó sobre cada área sin excluir los envíos y almacenamiento. Finalmente, el resultado de este nuevo enfoque fue lo que se llama un barco contenedor y un vagón/caja rodante.

Cambia tus pensamientos. Cuando te quedas atascado y no puedes resolver un problema, intenta invertirlo o hacer un cambio radical en él. Míralo desde el otro lado. Considera cómo crear el problema y empeorar la situación, en lugar de deliberar sobre cómo puedes arreglarlo. Esta estrategia de reversión creará consejos novedosos sobre cómo abordar el caso. Cuando luego vuelvas a poner el asunto en su lugar, es posible que obtengas claridad.

Usa diversas formas de comunicación. No siempre tenemos que utilizar nuestro medio verbal lógico ante un problema que es bastante típico nuestro. Somos demasiado inteligentes para limitar nuestras capacidades de razonamiento. Utiliza otros métodos para articular los problemas. En este punto, no te preocupes demasiado por resolver el asunto. Simplemente articula. Diversas personas con diversos medios de articulación pueden generar muchos nuevos patrones de pensamiento para dar lugar a nuevas ideas.

Conecta los puntos. Parece que la mayoría de las ideas más efectivas nunca son planeadas, simplemente suceden. Puede ser algo aleatorio que viste u oíste que te inspira lo suficiente como para dar a luz esa idea inteligente. Hay muchos ejemplos que respaldan esto - Apple, Newton, y así sucesivamente.

Quizás te preguntes por qué somos afectados por la aleatoriedad de tal manera, es porque estas cosas impredecibles activan nuestros cerebros hacia nuevos patrones de pensamiento. Por lo tanto, puedes usar esto a tu favor y vincular los segmentos desconectados.

Buscar deliberadamente un impulso incluso en lugares sorprendentes e intentar vincular las piezas desconectadas del caso y el impulso. Las formas de construir la red son:

Usa consejos no relacionados. ¿Qué tal si eliges al azar una palabra del diccionario y tratas de crear una conexión entre tu problema y la palabra?

Asocia las ideas probables. Coloca una palabra en particular en la página, escribe todo lo que te venga a la mente en esa misma página. Luego intenta crear una red entre ellas.

Puedes tomar una foto al azar, por ejemplo, y ver cómo puedes relacionarla con el caso.

Coge algo, cualquier cosa, y considera cómo puede contribuir positivamente a tu caso haciéndote preguntas vitales para descubrir qué característica tiene el objeto que puede ayudar a cambiar la situación.

Cambia tu perspectiva. Si deseas ideas frescas, puede que necesites cambiar la forma en que ves la situación porque con el tiempo, tener un punto de vista particular solo resultará en las mismas ideas asociadas.

Pide la opinión de otra persona. Las personas son tan diferentes, todos tenemos diferentes formas de abordar una situación. Por lo tanto, pregunta a otras personas por sus opiniones y su línea de acción preferida en el caso. Puede ser un niño, un amigo, un cliente, tu pareja, o incluso un extraño con otro estilo de vida completamente diferente y quizás una perspectiva de la vida completamente distinta.

Date un capricho en un juego. Puedes intentar ver las cosas desde el punto de vista de un millonario, por ejemplo, o preguntarte qué haría Obama si fueras él.

Cualquier persona notable que elijas tiene un carácter distintivo, por lo tanto, considera estos atributos y úsalos para abordar el problema desde otro ángulo. Por ejemplo, si asumes el papel de millonario, entonces tendrás que mostrar también sus atributos al elaborar estrategias. Atributos como la extravagancia y la aventura empresarial. Por otro lado, alguien como Tiger Woods tendrá más probabilidades de mostrar perfeccionismo, tenacidad y observación minuciosa de todos los detalles del caso.

No solo necesitarás planificar un diseño facultativo, sino que también querrás practicar todos los consejos mencionados anteriormente. El diseño facultativo que elabores puede ayudar a crear un entorno optimista, lo que a su vez mejora tu pensamiento innovador.

Cada vez que te sientas que estás cayendo en un modo de sobrethinking, dirige tus pensamientos hacia un pensamiento efectivo y elimina cualquier pensamiento que no sea productivo.

Capítulo 8: Establecer límites de tiempo para tomar decisiones.

Todo acerca de nosotros es debido a nuestra toma de decisiones. Las amistades, la salud, o incluso nuestra vocación y todas las demás cosas que nos hacen quienes somos hoy en día son nuestra capacidad o incapacidad para tomar decisiones, y las elecciones que ya hemos hecho. Dicho esto, es lamentable que muchas personas todavía encuentren difícil tomar decisiones. Incluso si todo lo demás parece ir bien para nosotros, cuando las cosas se complican y el momento requiere que tomemos esa decisión, nos acobardamos. Parece tan difícil decidir algo y mantenernos firmes en ello.

Cada día vivimos a través de las innumerables decisiones que tenemos que tomar, ya sean pequeñas o enormes. Eso es de lo que se trata la vida. El progreso será más alcanzable si podemos desglosar esas grandes decisiones en decisiones pequeñas.

La afirmación de que la mejor decisión es no decidir en absoluto, casi siempre es inexacta. Las personas indecisas tienen más probabilidades de ser controladas por sus vidas en lugar de que sea al revés. Sin control sobre tu vida como resultado de la indecisión, es posible que no seas tan autosuficiente como te gustaría, por lo tanto, necesitas aprender a ser decidido y tomar el control de tu vida.

La mejor manera de instigar tu hábito de pensar demasiado es tener una decisión que tomar, con la necesidad de hacerlo bien y más que suficiente tiempo para hacerlo. Todo el proceso de contemplar el mejor paso a seguir, considerando todas tus opciones mientras te tomas tu tiempo, es simplemente una invitación a pensar demasiado las cosas. Establecer un límite de tiempo para ti mismo es realmente la forma más efectiva de controlar ese hábito. Es aconsejable establecer un límite con la duración basada en la gravedad o magnitud de la decisión. Asegúrate de detener toda evaluación adicional una vez que se alcance el límite y simplemente seleccionar una opción, actuar sobre ella y proceder.

El propósito de este consejo es no dejar lugar para la sobreponderación y fomentar la acción a través de su límite de tiempo establecido. Es bastante fácil: simplemente comience a cronometrarse tan pronto como comience el proceso de análisis para tomar una decisión. Debido a su conciencia del tiempo, su análisis de las ventajas y desventajas será más conciso. De hecho, esta técnica es tan fácil y factible.

Si te tomas demasiado tiempo para tomar decisiones, entonces este consejo es justo lo que necesitas. Puedes establecer el tiempo tan corto como 1 minuto, o tan largo como 5 minutos, o cualquier número intermedio.

Cómo establecer límites de tiempo para tus decisiones

- Establezca un límite en su número de opciones. Al tratar de tomar una decisión, reduzca sus opciones a un máximo de 3 cosas, en lugar de dejar sus opciones amplias, vastas e ilimitadas.

- Ley de Parkinson (establece un límite de tiempo). Cuando estableces un límite de tiempo, trabajas menos y estresas menos tu cerebro, y simplemente no habrá tiempo suficiente para lograr hacer funcionar tu cerebro. El trabajo solo se extenderá para usar todo el tiempo disponible.

- Mantén tus opiniones al mínimo. Tres personas para ofrecer sus opiniones son suficientes para ayudarte con tu análisis. No te causes confusión, la gente es diferente, mientras menos opiniones contradictorias obtengas, más fácil será llegar a una conclusión.

Recordatorio: si encuentras que persistentemente pides las opiniones de otros, entonces podría indicar que tal vez no estés tan seguro de lo que deseas, o simplemente puede que no lo desees en absoluto. Obtener una segunda o tercera opinión de vez en cuando puede ayudarte a verificar una decisión que probablemente ya hayas tomado.

- Técnica de la servilleta. Como no puedes hacer mucho en una servilleta, es mejor dibujar tu plan en una servilleta primero y verás que solo se dibujarán las cosas más importantes.
- Sé positivo. Cuando aprendas a ver la positividad en cada opción y decisión, entonces podrás aceptar las consecuencias de cualquier manera, sin arrepentirte. Tú tomas la decisión y luego aprendes de ella.
- Técnica de caminar por la tabla. Hazte jurar que harás algo que odias o preferirías no hacer si no tomas una decisión dentro de tu tiempo estipulado. O lo haces todo el camino o no lo haces en absoluto.

Establece un límite al número de decisiones que tomas por día.

Para frenar el exceso de pensamientos, dale a tu cerebro suficiente tiempo y espacio cuando tengas decisiones cruciales que tomar, reduciendo las decisiones menos importantes. Es fácil equivocarse pensando que reducir decisiones es similar a reducir gastos, pero no puedes estar más lejos de la verdad. La verdad es que el tiempo, por corto que parezca, para tomar esas decisiones menos cruciales puede estresar a tu cerebro antes de siquiera abordar las decisiones más críticas, reduciendo la capacidad mental de tu cerebro en ese momento. Por lo tanto, es mejor que delegues esas decisiones pequeñas y ahorres esa energía mental para las decisiones cruciales. ¡Así que salva a tu cerebro del estrés!

Esto se refiere especialmente a esas pequeñas tareas diarias sobre las que necesitas decidir pero que no son particularmente cruciales.

Es un hecho conocido que Steve Jobs repetía la misma ropa todos los días para no tener que pensar en qué ponerse diariamente. Para evitar preguntarse qué comer cada mañana, Tim Ferris tiene el mismo tipo de desayuno, aunque saludable, todas las mañanas. El presidente Obama también limitaba sus respuestas por correo electrónico a "de acuerdo", "en desacuerdo" o "discutir" con el fin de desvincular su energía mental de estas pequeñas decisiones.

Por lo tanto, a partir de ahora, al considerar las tareas a asignar, asegúrese de que la energía mental que requieren esté bien evaluada. Por lo tanto, podemos decir con seguridad que menos pensamiento excesivo se traduce en un mayor crecimiento y desarrollo personal.

Reducir el peso de tus decisiones siempre te beneficiará sin importar cómo decidas hacerlo. Puedes contratar un asistente virtual para encargarse de todas las tareas gerenciales, o contratar a un freelancer para encargarse de una o dos cosas según se necesite, no obstante, la delegación compensa.

Pon un plazo a tus pensamientos. Limita tu número de decisiones diarias y establece límites de tiempo cortos para las decisiones.

Capítulo 9: Considera el panorama general.

Pensar demasiado solo magnifica las cosas triviales hasta el punto de causar pánico, y el mundo ya es lo suficientemente aterrador como está. Además, pensar demasiado convierte un problema pequeño en un asunto innecesariamente grande.

Cada día, pasamos por una prueba u otra y con el tiempo, nuestras malas experiencias generan miedo. Miedo a la pérdida, o la pérdida de objetos de valor, miedo a la insatisfacción y descontento en la vida, miedo a fracasar en una entrevista y perder un trabajo que ni siquiera has conseguido todavía, o miedo a arruinar esa primera cita.

No te dejes limitar ni detener por el miedo. No dejes que el miedo te impida alcanzar las alturas que deseas.

No todo saldrá como estaba planeado, pero no te desanimes porque los contratiempos suelen ser indicadores de grandiosidad aún por revelarse. Por lo tanto, al hacer tus planes, necesitas aprender a relajarte y confiar en el proceso. La relación entre la intención y el miedo es la tendencia a tener menos miedo cuando estamos más dispuestos a creer en nuestras intenciones y a apartar toda negatividad para enfocarnos en las posibilidades de obtener buenos resultados finales.

Pensar demasiado es muy fácil. Es tan fácil dejarse llevar por ese modo sobreanalítico cada día, pero necesitas aprender a detenerte y mirar el panorama general.

Tenemos que entender que la mayoría de estas cosas que parecen ser importantes ahora probablemente no serán significativas en unos cuantos meses, o unos cuantos años, o a veces ni siquiera en unas pocas semanas.

El momento en que te das cuenta de que lo que parece ser un gran problema es solo un minúsculo punto en comparación con la vista general, entonces quizás dejarás de magnificarlo.

A continuación se presentan algunos consejos para aclarar las cosas y ayudarte a mirar más allá de tus miedos para ver el panorama general:

- Pausa y reflexiona. Inmediatamente cuando comiences a sentir que estás pensando demasiado, solo haz una pausa por un momento para reflexionar sobre las cosas. Luego preguntarte a ti mismo preguntas sencillas pero importantes podría ayudarte a poner las cosas en perspectiva. Pregúntate cuál es exactamente el problema. Identifica el problema específico con el que estás teniendo dificultades y esto puede ayudarte a hacer los ajustes adecuados. Pregúntate cómo te hace sentir todo esto. Si te sientes inquieto al respecto, entonces probablemente no obtendrás claridad. Ahora pregúntate por qué. ¿Por qué respondiste de la forma en que lo hiciste? ¿Fue adecuada tu reacción? Estarás de acuerdo conmigo en que tendemos a perder los estribos y reaccionar de forma exagerada ante una situación volátil. Hacer una pausa para reflexionar sobre estas cosas puede ayudar a aclarar los problemas.
- **Come to terms with the things you can do nothing about.** It is pointless and enraging to overthink things that you can't change and it can cause you to have a mixed up view of life. It can be hard but with the tips below, you can learn to just let go of things you can't control.
  - Identifica tu parte y tu tarea. ¿Puedes hacer algo al respecto? ¿O está totalmente fuera de tu control?
  - Sé optimista. Una de las pocas formas de manejar un caso sobre el que no tienes control es encontrar algo bueno al respecto y mantener una actitud optimista.
  - **Progress.** Retrace your steps when you find that you are going around in a circle, getting the same outcome. Assess your actions to consider other options.

- Deja de compararte con otras personas. Comparar tu ocupación, apariencia, habilidades e inteligencia con las de otros es totalmente innecesario. La vida influencia y moldea a las personas de diferentes maneras y nadie vive las mismas vidas. Estas comparaciones solo te ponen metas inalcanzables. Nadie más ha vivido tu vida que tú y nunca podrás vivir la vida de otro. Nunca olvides que eres único.

- Aprende de experiencias pasadas. No importa contra qué estés luchando, reflexiona sobre eventos pasados en relación con el problema actual y verás cómo te preocupas menos. Por lo tanto, reflexiona sobre las lecciones que se pueden aprender de estos eventos históricos y observa cómo pueden ayudar a resolver el problema actual.

- Concéntrate en las cosas que puedes cambiar. Es más difícil hacer cambios en un caso que consideras imposible. Por lo tanto, comienza tratando de cambiar las cosas más pequeñas que estén bajo tu control para no sentirte completamente inútil. Por ejemplo, cuando la búsqueda de empleo parece ser infructuosa, intenta identificar qué debes hacer para comenzar o acelerar el proceso. Más temprano que tarde, encontrarás más trabajos para solicitar o simplemente llenar un formulario de solicitud para comenzar el proceso.

- Ten esperanza en el futuro. Otra cosa que hace el pensar demasiado, es hacer que el futuro se vea sombrío para ti. Podrías sentir que no hay nada por lo que esperar. Necesitas aprender a separar lo que está sucediendo actualmente en el presente de lo desconocido en el futuro. Tu pesimismo en el presente no tiene por qué quitar la esperanza del futuro, pase lo que pase. En lugar de decir cosas como "nunca podré completar este trabajo", di "¿cómo puedo lograr este objetivo y completar mi trabajo?". Visualízate terminando el proyecto y espera sentir satisfacción.

- Enfoca tus sentimientos. Tu tendencia hacia el optimismo puede depender tristemente de cómo te ven otras personas. Preocúpate por cómo te ves a ti mismo, y quién eres para ti en lugar de preocuparte por la perspectiva de todos sobre ti. Por ejemplo, sé más rápido en preguntarte qué te gusta de ti mismo en lugar de lo que a ellos les pueda gustar o no de ti.

- Nunca olvides que las cosas cambian. La vida es variable. Los tiempos y las estaciones cambian. Aquellos que son más felices y a veces viven más tiempo son aquellos que han aprendido a adaptarse a esos cambios. Para una comprensión más clara, una manera en la que puedes aprender a adaptarte es buscando fotos antiguas y notando cuánto has crecido. Quizás puedas empezar de nuevo tomando fotos de ti mismo ahora como medida contra el cambio que deseas. Mirar la foto "base" de vez en cuando puede inspirarte y ayudarte a trabajar en el presente.

- Visualiza tu entorno. Debes sentirte reconfortado sabiendo que en este vasto mundo, es muy probable que al menos haya otras 2 personas que tienen un problema similar al tuyo. ¡No estás solo! Deja de intentar resolver cada problema, la verdad es que solo eres un ser, no puedes ganarlos todos por ti mismo.

- Establezca objetivos prácticos. Establecer metas alcanzables realmente puede ayudar a mantener la claridad. Al configurar sus objetivos, manténgase alejado de metas poco realistas, aquellas que parecen imposibles. Por ejemplo, puede establecer una meta donde perderá algunos kilos por mes si su objetivo a largo plazo es estar 100 libras más delgado. En lugar de tratar de perderlo todo en los primeros meses, divídalo en unidades.

Pon las cosas en una perspectiva más amplia. Pregúntate cuánto tiempo esto importará. ¿Importará esto en 5 años? ¿O incluso en 5 semanas? Imagina un final feliz.

Capítulo 10: Vive el Momento.

La vida es como un tren en movimiento; no espera a que estés seguro acerca de tu futuro antes de subirte, ni tampoco espera a que superes tu pasado. La vida se compone del pasado, el presente y el futuro, pero se nos regala un precioso regalo del presente cada día. El pasado está ahí solo para recordarnos de dónde venimos y el futuro, para recordarnos a dónde vamos, pero el presente es la vida que ya estamos viviendo. Atascarnos en nuestro pasado puede hacernos olvidar la vida que se supone que debemos vivir, haciendo que el tiempo pase desapercibido. La vida es preciosa, solo podemos vivirla en el presente, no en el pasado y tampoco en el futuro.

No es raro encontrarse con desafíos, distracciones, heridas y otras cosas negativas que hacen que prefiramos escondernos en la sombra de nuestro pasado en lugar de enfrentar la realidad. De todas formas, esto no va a ayudar a nadie. La mayoría de las personas simplemente existen sin vivir, siguen sus horarios como marionetas sin realmente tener tiempo para disfrutar el presente. Lo hacen con caras sonrientes pero ojos infelices simplemente porque están estresados y obviamente necesitan un descanso, un descanso para irse de vacaciones, para sentarse sin hacer nada, para ser libres.

A pesar de nuestras apretadas agendas, siempre debemos tratar de vivir en el momento, esto también se conoce como atención plena. La atención plena es el estado de estar completamente consciente del presente. Ser consciente es aceptar tus pensamientos tal como son sin preocuparse demasiado por ellos. Es ser consciente de que la vida debe ser vivida, no solo existir. Una persona atenta siempre vivirá no basada en sus pensamientos y esto es en quién deberías ser.

¿Por qué es importante estar presente?

Vivir en el presente te ayuda a apreciar más la vida. Evita que te quedes en el pasado o que pienses demasiado en el futuro. Vivir en el presente es una habilidad que se debe adquirir para ayudarte a vivir una vida más emocionante.

A continuación se presentan algunas de las cosas importantes sobre vivir en el momento.

- Menos preocupación y exceso de pensamiento. Vivir el momento o estar presente te mantiene completamente consciente del ahora. Te evita preocuparte y pensar demasiado en el futuro y permanecer en el pasado.

- Puedes apreciar el mundo un poco más. Cuando vives en el momento, tiendes a apreciar el mundo que te rodea. No estarás trabajando en exceso por el pasado y temiendo por el futuro.

- Puedes descubrir fácilmente qué es lo que te está molestando. A veces, es posible que no sepas qué te está molestando, pero vivir en el momento o estar presente te ayudará a darte cuenta de cuándo no te encuentras bien, emocional, física y emocionalmente.

- Puede que comiences a sentirte más relajado. Estar en el presente te permite tener control de tu vida y esto te ayudará a sentirte más relajado. Una vez que sientas que estás en control, no estarás demasiado preocupado por la vida.

Pasos prácticos para vivir en el presente.

Algunas personas viven sus vidas en el pasado, mientras que otros viven las suyas en el futuro. Sin embargo, el pasado ha pasado, el futuro aún está por venir, el único momento verdadero que tenemos es el presente. Así que siempre vive en el presente porque es ahí donde realmente podemos vivir.

1. Elimina las posesiones innecesarias. Deshacerte de algunos objetos que te recuerdan tu pasado puede ayudarte a avanzar y podrás vivir en el presente. Deshazte de todo lo que te sigue recordando el pasado.

2. Sonríe. Solo sonríe. No solo ilumina tu día, sino también el de otros. Cada nuevo día es un regalo y siempre debemos darle la bienvenida con una sonrisa. La vida puede estar llena de incertidumbres, pero tú puedes controlar lo que te sucede. Así que mantén una actitud positiva hacia la vida.

3. Valora plenamente el momento de hoy. Cada día es una bendición, así que crea recuerdos, aprecia la naturaleza, nota cada detalle del día, no permitas que pase desapercibido ningún momento.

4. Perdona las heridas pasadas. Guardar rencor no hace daño a nadie más que a ti. Intenta perdonar a todos aquellos que te han hecho daño en el pasado. No tengas motivo para que el pasado te atormente, deja ir todas las heridas al perdonar.

5. Ama tu trabajo. No tienes por qué seguir haciendo lo que odias durante 5 días de la semana. Este es el mayor derroche de tiempo y debería detenerse. Puedes renunciar completamente al trabajo antiguo y buscar algo más que te guste, o puedes enfocarte en un área en particular en el trabajo antiguo que amas y ser capaz de hacerlo con alegría.

6. Trabaja duro hoy, pero no dejes de soñar con el futuro. No permitas que soñar con el futuro tome el control de tu vida ahora. No vivas en un sueño y olvides tu realidad. Soñar con el futuro, tener metas y aspiraciones no es suficiente para darte un futuro brillante. Debes trabajar duro ahora para alcanzar esas metas.

7. Deja de pensar en logros pasados. Si te encuentras pensando o hablando demasiado sobre tus logros pasados, entonces es debido a que tienes pocos o ningún logro en el presente.

8. Reconoce y observa tus preocupaciones. No intentes pasar por alto tus preocupaciones, ni siquiera intentes controlarlas. Sin embargo, reconoce tus

preocupaciones, consiéralas desde el punto de vista de un extraño sin tener que responder a ellas.

9. Deja ir tus preocupaciones. Cuando no te detienes en tus preocupaciones, serán alejadas tan rápidamente como llegaron. Aprende a soltar tus preocupaciones, no te enfoques en ellas.

10. Mantente enfocado en el presente. Nuestras emociones, pensamientos y sentimientos cambian constantemente. Por lo tanto, asegúrate de estar fluyendo con el cambio, una vez que te des cuenta de que estás pensando en algo durante demasiado tiempo, llévate de vuelta al presente. Conscientemente intenta siempre vivir en el momento presente.

11. Piensa más allá de las soluciones antiguas a los problemas. Nuestro mundo está cambiando constantemente; las reglas están cambiando y también lo hacen las soluciones a los problemas. No te acostumbres a las formas antiguas de hacer las cosas, mantente abierto al cambio y acéptalo. El enfoque que uses para resolver un problema hoy podría no funcionar para el mismo problema mañana. No permitas que ningún momento pase desapercibido. Esto te permitirá vivir siempre en el presente.

Invierte más tiempo en el momento presente. Ve más despacio. Dite a ti mismo: Ahora estoy... Rompe y reconecta

Capítulo 11: Meditar

Sobre pensar no aclarará tu mente, ni te ayudará a encontrar una solución práctica. En cambio, resulta en pensamientos despectivos, redundantes y obsesivos. Es probable que el proceso de pensamiento lógico se vea oscurecido por una mente que sobre piensa. Eres consciente de que es imposible cambiar el pasado y nadie conoce el futuro. Aun así, la mente está atrapada en una red de pensamientos. No olvides que hay una línea delgada entre comprender tus errores pasados y obsesionarte con ellos.

Observar a un niño puede ayudarte a descubrir que en la mente de un niño, solo existe el 'hoy'. No hay pensamientos sobre el futuro, ni sobre el pasado, simplemente disfrutan de lo que está sucediendo actualmente. Una vez fuimos niños. Y tenemos la capacidad de vivir en el presente y evitar el estrés de pensar demasiado. ¿Cómo? Puedes preguntar. No solo la meditación te ayuda a detener el exceso de pensamientos, sino que también te lleva de vuelta a los tiempos en que todo era simple.

La meditación es una excelente manera de prevenir absolutamente el exceso de pensamientos. Siéntate en un lugar sereno, concéntrate en tu respiración y considera eliminar cada pensamiento de tu mente. Cuando un pensamiento llegue a tu mente, obsérvalo sin ninguna implicación emocional, sé consciente del pensamiento pero no permitas que te afecte.

4 formas en las que la meditación ayuda a detener el exceso de pensamientos.

Reorienta tus objetivos. Tu mente puede estar sobrecargada con ideas y pensamientos redundantes cuando reflexionas demasiado. Puedes estar estresado por arrepentimientos, sospechas, dudas, realidad distorsionada y alusiones. Todo esto no te ayudará a vivir feliz o tranquilo. Te das cuenta de que tus pensamientos están sesgados y constructivos. Si estás dispuesto a saber más, podrás ponerlo todo junto para llevar a cabo las misiones más grandes en la vida.

Luchas contra pensamientos negativos. La mayoría de las veces, culpamos a los demás por todos los problemas en nuestra vida. Al menos, lidiar con problemas es más fácil cuando hay otra persona a quien culpar. La meditación te ayuda a luchar contra hábitos poco saludables, como culpar a los demás y encontrar defectos. Prueba la meditación consciente. Es altamente efectiva para evitar que pienses demasiado. En este espacio de conciencia, podrás buscar verdades reales y deshacerte de pensamientos tóxicos. Así ayudándote a concentrarte en acciones y pensamientos positivos.

Despeja tu mente. Pensar demasiado es una señal clave de que algo te está consumiendo. Ve a la raíz de tu aprensión y resuélvela de forma directa. Uno de los efectos beneficiosos de la meditación es que despeja tu mente. Puedes elaborar estrategias, organizar y realizar análisis efectivos en tu mente. Tan pronto como entiendas el problema, puedes empezar a pensar en cómo solucionarlo. Esto ayuda a prevenir pensamientos vagos, que pueden ser innecesarios y tóxicos.

Despréndete del apego. El pensar demasiado es una expresión de todo a lo que estás ligado: tus pensamientos, palabras, ideas y acciones. Hay demasiado apego entre nosotros y otras personas, o nosotros y las relaciones, esto nubla nuestro pensamiento y juicio, haciéndonos sobreanalíticos y excesivamente críticos.

Sin embargo, esto es lo que necesitas saber sobre la meditación, no hay una sola forma de hacerlo, no hay una forma incorrecta o correcta. En las primeras etapas, meditar se siente raro. Seguro. Tu mente te proporcionará una larga lista de por qué es una pérdida de tiempo. ¿Cuál es el punto de sentarse allí sin pensar en nada? Te retorcerás. Te pondrás furioso. Persevera a través de todo. Se vuelve más fácil.

Cómo Meditar en 9 Sencillos Pasos

1. Dedica de 5 a 30 minutos todos los días. Como principiante, comienza con cinco minutos. Para mucha gente, cinco minutos es ideal, y de hecho, cinco minutos de meditación pueden tener efectos positivos. En cuanto a la frecuencia, se cree que la meditación debería ser una meta diaria, como cepillarse los dientes.

2. Deshazte de las distracciones. Elige un período del día en el que tengas la mínima cantidad de distracciones. Tal vez, durante las primeras horas del día.

3. Relájate y ponte cómodo. Antes de meditar, algunas personas disfrutan estirarse porque ayuda a relajar y aflojar los músculos. Permanecer quieto puede ser difícil para un principiante; sin embargo, estirarse y relajarse te da una ventaja inicial.

4. Selecciona tu posición. No importa si estás sentado o acostado, tu posición es una decisión personal. Para algunas personas, acostarse es confortable, para otros, estar sentado lo es. Lo importante aquí es estar cómodo, es decir, no estar encorvado y con la columna recta. Si estás sentado, relájate y coloca tus manos sobre tu regazo. Siéntate con las piernas cruzadas en el suelo con el apoyo de un cojín, o en una silla y coloca tus pies en el suelo. No es obligatorio contorsionar tu cuerpo en posición de loto si te resulta incómodo.

5. Concéntrate en tus pensamientos. Prepárate para las divagaciones de tu mente. El secreto de la meditación es enfocar tu mente en lo que está sucediendo en el momento presente y no en lo que ha pasado o en lo que ocurrirá en una hora. Ahora, debes estar quieto, relajado y simplemente sanarte a ti mismo. Tan pronto como hayas seleccionado el período ideal y estés relajado y cómodo, estarás preparado para concentrar tu mente en tu respiración. Es una decisión personal si deseas meditar con los ojos cerrados o abiertos. A veces, la música relajante

puede ayudarte a meditar de manera efectiva. Si disfrutas meditando mientras escuchas música, eso es aceptable. Hay una variedad de música para escuchar.

6. Toma respiraciones lentas y profundas. Cierra suavemente los ojos. Comienza respirando lentamente y profundamente - inhala por la nariz y exhala por la boca. Evita respirar con fuerza. Permite que sea natural. Las primeras inhalaciones de aire pueden ser poco profundas, pero a medida que dejas que tus pulmones se llenen de aire cada vez, tus respiraciones se volverán progresivamente más completas y profundas. Puedes tomarte todo el tiempo que necesites para respirar profundamente y lentamente. Después de un tiempo, las respiraciones profundas comienzan a hacerte sentir más relajado y en paz.

Cuando tu mente divague, concéntrala de nuevo en tu respiración. Se espera que tu mente divague. Trata suavemente de enfocarla de nuevo en el presente, es decir, tu respiración. Tus pensamientos podrían alejarse tanto como cada cinco segundos. Esto está perfectamente bien. Una vez que comiences a practicar la meditación con frecuencia, habrá una reducción en la divagación de tu mente y tu cuerpo y mente en realidad se relajarán. Sentarse en silencio y concentrarse en tu respiración es difícil, pero haz ese sutil esfuerzo deliberado para enfocar tu mente en el presente. Este es el concepto de la meditación: enfocar tu conciencia en lo que está sucediendo en este momento. Además, si crees que podrías quedarte dormido, cambia de posición.

8. Finalizando tu meditación. Tan pronto como estés listo para terminar tu meditación, abre tus ojos y levántate suavemente. ¡Gran trabajo! ¡Lo has logrado!

9. La práctica constante te hace perfecto. No es una competencia. Tal vez solo puedas meditar por tres minutos actualmente. Eventualmente, habrá un aumento en este tiempo, y por lo tanto, un aumento en todos los efectos beneficiosos de la meditación. Hay una diferencia significativa con el tiempo. Empezarás a experimentar una sensación de felicidad, paz y tranquilidad. Continúa con ello, puede ser desalentador al principio pero está bien. Soy una madre ocupada y multitarea, por lo que ha sido muy beneficioso para mí. Más beneficioso de lo que imaginaba.

Puedes deshacerte por completo del mal hábito de sobre pensar meditando durante 10 minutos cada día.

Capítulo 12: Crear una lista de tareas.

Aunque tu mente pueda ser tu arma más fuerte; sin embargo, si se descuida, tu mente también puede impedirte alcanzar tus metas. Tu mente tiende a exagerar la verdadera naturaleza de las cosas, haciéndolas más grandes de lo que realmente son.

Por ejemplo, si tienes que terminar un par de tareas en un día, tu mente podría hacer que parezca una hazaña imposible completarlas en un día.

Se presentan múltiples razones por las cuales la finalización de la tarea será imposible. El secreto para evitar este tipo de pensamientos excesivos es crear una lista de tareas.

Por ejemplo, si tienes que crear una presentación, completar un informe, recoger a tu hermana del aeropuerto, o tienes una reunión con un cliente, tu mente podría hacer que parezca inimaginable completar todo esto en un solo día.

Hacer una lista de tareas te ayuda a asignar una duración definitiva a cada actividad, lo que hace más sencillo completarlas.

Aquí tienes algunas formas de dividir estas actividades en una lista práctica, y luego cancelar cada actividad una vez que esté completa.

La forma correcta de crear y completar una lista de tareas.

- Selecciona un método. Hay varias variedades de una lista de tareas pendientes, así que esto depende de lo que sea efectivo para una persona en particular. Algunos estudios sugieren que escribir la información a mano ayuda a recordarla de manera efectiva; sin embargo, si la última vez que usaste un bolígrafo fue en 1995, no te preocupes; hacer una lista de tareas personales también es posible con la amplia gama de aplicaciones digitales disponibles.

- Haz varias notas. Haz unas cuantas listas de tareas por completar. Debe haber una copia maestra que tenga cada tarea que deseas completar a largo plazo. Por ejemplo, empezar una clase de idiomas, limpiar el armario, entre otros. También puedes crear una lista de proyecto semanal que tenga todas las tareas que deben ser completadas en una semana. Luego se debe crear una tercera lista, la lista de Tareas de Alto Impacto; esta contiene todas las cosas que deben hacerse hoy - por ejemplo, completar esa presentación de trabajo, llamar al tío Tom por su aniversario, recoger la ropa. Cada día, las tareas de la lista general y de la lista de tareas semanales serán movidas a la lista de Tareas de Alto Impacto, según corresponda.

- Mantenlo simple. Nada es más aterrador que una larga lista de tareas pendientes. En realidad, es impracticable completar tal cantidad enorme de tareas en 24 horas. Un consejo para simplificar la lista de tareas pendientes es crear una lista de las tareas que se deben completar hoy y dividirla en dos. El número de tareas en la lista debe ser alrededor de 10, las demás tareas pueden ser trasladadas a la lista maestra o a la lista de tareas semanales.

- Empieza con las tareas simples. Antes de tus tareas más importantes, incluye algunas tareas básicas en la lista: "Ducharse, Lavar los platos del desayuno y doblar la ropa" son buenos ejemplos. Completar y eliminar tareas tontas puede ayudarte a empezar el día con una sensación de positividad.

- Completa tus MITs. MIT significa "tareas más importantes". La parte superior de tu lista debe comenzar con un mínimo de dos elementos que deben completarse urgentemente hoy, esto es para asegurarte de completar tu informe de proyecto que debe ser presentado mañana, en lugar de aspirar. Aunque las otras tareas en la lista no se completen, las tareas muy significativas se completarán.

- Dividir en tareas más pequeñas. Tareas como "trabajar en proyecto de tesis" parecen demasiado imprecisas y abrumadoras, lo que implica que podríamos sentirnos demasiado abrumados para comenzar realmente. Una excelente manera de disminuir el miedo y hacer que el objetivo parezca más realista es dividir las tareas en proyectos más pequeños. En lugar de decir "trabajar en la tesis", sé más específico, di algo como "completar la primera mitad del capítulo dos" el domingo y "escribir la segunda mitad del capítulo dos" el lunes.

- Sé específico. Las cualidades comunes de todas tus listas de tareas deben ser: deben ser una tarea que solo puede completar el creador de la lista de tareas, son tareas físicas, se pueden completar de una sola vez. Para tareas generales que requieren mucho tiempo o ayuda de otras personas, haz una lista de los pasos específicos que puedan ayudarte a lograr tu objetivo. En lugar de "rescatar a los animales", prueba con "crear una carta de presentación para una pasantía en World Wildlife Fund".

- Inclúyelo todo. Para todas las cosas que deben hacerse en la lista, sé lo más expresivo posible, escribe todo lo relacionado con ello para que no haya excusas si el trabajo no se completa. Por ejemplo, si la tarea tiene que ver con llamar a un amigo, escribe el número de esa persona en la lista para que no haya necesidad de que empieces a buscarlo después.

- Tiempo. Como has creado la lista y la has revisado dos veces, ahora establece un límite de tiempo junto a cada tarea. Convertir la lista de tareas pendientes en una lista de citas podría ser útil. Por ejemplo, vaciar la bandeja de entrada de 7 a 8 p.m. en Dominos en la Quinta Avenida, la tintorería de 8 a 9 p.m. en Clean Aces. Una vez que haya pasado el tiempo establecido, ha pasado; pasar siete horas recogiendo la tintorería es innecesario.

- Evita estresarte. La mayoría de las listas de tareas tienen uno o dos ítems que hemos tenido la intención de completar por días, semanas, o quizás años, pero no hemos encontrado el momento para hacerlo. Trata de pensar en las razones para esto para que puedas entender los pasos necesarios para completar realmente las tareas. ¿Evitas llamar a la tía Jessie por las largas horas que podrías pasar al teléfono? Sustituye "Llamar a la tía Jessie" por "encontrar una forma de finalizar la llamada a la tía Jessie". Esto disminuirá la magnitud variable de la tarea, facilitando su realización.

- Compártelo con las personas. A veces, la mejor manera de seguir obligados a hacer algo es tener a alguien que nos supervise. Puedes hacer pública tu lista de tareas, colocándola en el refrigerador o creando un calendario digital que pueda ser visto por tu colega.

- Fije un horario para planificar. Sentarse a crear una lista de tareas real puede ser uno de los aspectos más difíciles al hacer la lista. Elija un horario diario, tal vez por la mañana antes de que todos se levanten, o a la hora del almuerzo, o incluso antes de ir a dormir, cuando le resulte fácil organizar todo lo que necesita hacer y averiguar qué queda por hacer.

- Entrar con lo viejo. Recordar el día de productividad anterior es una excelente manera de mejorar la productividad. Esto implica una lista documentada de todas las cosas que has logrado el día anterior, incluyendo las tareas ridículas.

- Hacer una nueva lista. Crea una lista fresca diariamente, para que las tareas antiguas constantes no sobrepoblen la lista. Además, es una forma beneficiosa de asegurar que realmente logramos una tarea cada 24 horas y no perdemos tiempo embelleciendo la lista con marcadores de colores.

- Sé flexible. Hack útil: Asegúrate de reservar 15 minutos de "tiempo de compensación" entre tareas en el calendario o lista de pendientes en caso de una emergencia no planificada; por ejemplo, si se apaga tu computadora o si hay un cortocircuito eléctrico. Y si no sucede ningún evento desafortunado, lo más importante es recordar detenerse y respirar. Si ya has completado al menos una Tarea Más Importante (MIT), lograrás el resto.

Proporcione un detalle completo de sus proyectos y divídalos en secciones. Establezca una pseudofecha límite y vea si pueden completarse en la mitad del tiempo establecido. Luego, finalmente, fije un tiempo para todo.

Capítulo 13: Abrazar la positividad.

Lo triste de la vida es que está llena de eventos negativos. Estos eventos a menudo se difunden por todo el mundo a través de las noticias, las plataformas sociales y demás. Por patético que sea, nadie puede controlar o prevenir que estas cosas sucedan. Por lo tanto, permitir que estos eventos negativos nos agobien no sirve de nada porque no podemos resolver los problemas. Sin embargo, la mentalidad de la mayoría de las personas ha sido afectada negativamente por los acontecimientos desafortunados a su alrededor. Terminan pensando demasiado en todo, sin importar lo insignificante que pueda parecer.

No estás en control de lo que sucede a tu alrededor, pero sí estás en control de cómo reaccionas ante ello o cómo te sientes al respecto. La mayoría de las personas permiten que su mentalidad se vea atraída hacia el lado negativo debido a lo que ven u oyen todos los días. Cuando surgen situaciones, tenemos dos opciones; ver lo negativo alrededor de las situaciones o ver lo positivo en ellas. Lamentablemente, la mayoría de las personas sucumben a lo primero. Estamos en control de nuestros sentimientos, así que puedes alimentarlos con pensamientos positivos o negativos.

Haz una elección consciente de ser optimista sobre la vida. Acepta la positividad. Deshazte de todo lo que te haga infeliz y amenace tu paz mental. Pensar demasiado trae dudas y, como resultado, lleva a mentalidades negativas. Por lo tanto, deja de pensar demasiado y ten la confianza de que puedes superar cualquier tormenta que se interponga en tu camino.

Conscientemente trata de proteger tu paz mental. No puedes hacer esto si no te amas lo suficiente, si piensas que no mereces la felicidad. Una cosa es segura, todos merecemos amor, todos tenemos derecho a ser felices y, por todo lo que vale, tu felicidad es tu responsabilidad. Crea felicidad donde está ausente, siempre date una razón para ser feliz porque tú lo mereces.

Enfermera tu mente continuamente con pensamientos positivos. A pesar de los desafíos a los que te enfrentes: los diversos sentimientos desde el dolor hasta el miedo, la ira, el desánimo y otros, nunca dejes de pensar positivamente.

A continuación, algunos consejos para ayudarte a abrazar la positividad:

- Comienza en un buen tono. Despierta todos los días sintiéndote agradecido. Agradece por todo, piensa en las cosas buenas que te sucedieron el día anterior, incluso puedes anotarlas. Al hacer esto, te das una buena razón para ser confiado, tener esperanza y ser feliz. Esta energía positiva al inicio de un nuevo día es suficiente para mantenerte durante todo el día. Además de las reflexiones diarias, también puedes intentarlo semanal o mensualmente, esto te ayudará a mantener una mentalidad positiva.

- Observa a las personas con las que pasas más tiempo. La negatividad es contagiosa, así que ten cuidado con las personas con las que pasas la mayor parte de tu tiempo. Si siempre ven lo peor en todo, entonces deberías reconsiderar pasar tiempo con ellos. No es porque los odies o los estés juzgando, simplemente estás protegiendo tu mente.

- Habla palabras positivas. Así como nuestras acciones son importantes, nuestras palabras también lo son. De hecho, las palabras que decimos, con el tiempo, se convierten en nuestras acciones y se convierten en nuestra realidad. Observa las cosas que dices; las palabras negativas engendrarán energía negativa y eventualmente resultarán en cosas negativas. Nuestra mente subconsciente nos escucha, presta atención a lo que decimos y hacemos. Después de un tiempo, comienza a responder a las palabras que escuchó, ya sean negativas o positivas. Por lo tanto, siempre haz declaraciones positivas.

- Refresca tu memoria. Anteriormente mencionamos vivir en el presente y dejar ir el pasado pero hay algunos recuerdos del pasado que no debemos olvidar como los recuerdos de una infancia feliz, un feliz recuerdo de la playa, y otros momentos felices. Estos recuerdos nos dan la fuerza para vivir en el presente. Por lo tanto, crea recuerdos felices siempre que tengas la oportunidad.

- Empieza a cultivar la esperanza de pequeñas maneras. Crea esperanza incluso en las formas más pequeñas. Puede ser al ver una sonrisa en el rostro de un desconocido, al planificar el logro de una meta, o al reflexionar sobre las cosas buenas que te han pasado.

- Cambia tu enfoque. Deja de tratar de controlarlo todo. Relájate un poco, cambia tu enfoque lejos de las cosas que no están funcionando y concéntrate en las que sí lo están.

- Desactiva los pensamientos negativos. Cuando notes que estás empezando a tener pensamientos negativos, no los alimentes sino cámbialos. Cuando ocurra un evento negativo, ya sea un problema con los padres o hermanos o incluso un problema de peso; no pienses demasiado en ello. De manera consciente evita que tus pensamientos se vayan hacia eventos negativos; concéntrate más en los positivos.

- Vuelve a lo básico. No es demasiado tarde para cambiar tu forma de pensar; vino como resultado del pensamiento. Por lo tanto, comienza a tener pensamientos positivos.

- Sé curioso. No asumas que lo sabes todo. Piensa en los posibles resultados de los eventos.

- Piensa en un momento en el que lograste algo y lo que hiciste. Nunca olvides tus logros, la técnica que utilizaste y cómo la aplicaste. Es posible que necesites usar el mismo procedimiento para lograr algo aún más grande.

- Sigue con el lenguaje corporal. No te enfoques tanto en la mente que te olvides del cuerpo. Cuando nuestros cuerpos están saludables, nuestras mentes también lo estarán. El estado de nuestros cuerpos afectará nuestras mentes, el cuerpo físico controla las actividades de la mente en cierta medida. Todos necesitamos un nivel de motivación cada día y sin el ejercicio adecuado del cuerpo, es posible que no podamos obtener la energía positiva que necesitamos. Cuando estamos físicamente saludables, podremos tener una actitud positiva hacia la vida.

- Comienza un diario de evidencias con pruebas de que la vida está funcionando para ti.

- Registra todas las cosas buenas que la vida te ha ofrecido, en lugar de las cosas que no te ha ofrecido o las cosas negativas que ha ofrecido.

- Piensa en alguien cuya vida parezca estar yendo bien. ¿Tienes a alguien a quien te gustaría parecerte? ¿O admiras la vida de alguna persona? Entonces hazlos tu modelo a seguir, haz indagaciones sobre lo que hacen y cómo lo hacen para tener éxito.

- Errar es humano. En un intento por abrazar la positividad, no seas demasiado duro contigo mismo. Mantener una mentalidad positiva puede ser difícil. Somos humanos y es probable que cometamos errores, que tengamos dudas y sentimientos negativos, pero cuando lleguen, contrólalos. No permitas que te consuman, recuerda que los sentimientos y pensamientos no duran mucho, pasarán solo si no los alimentas.

Cambia tu mentalidad y pasa más tiempo con personas positivas que no dan demasiadas vueltas a las cosas.

Capítulo 14: Utilizando afirmaciones para aprovechar el pensamiento positivo.

La mayoría de las personas que piensan de manera negativa son aquellas que a menudo sobrepiensan. Si te permites seguir así, pronto, todo acerca de ti se vuelve negativo y pesimista; tu autoestima, tu perspectiva y tus emociones.

Lo curioso de la negatividad es cómo parecen casi siempre cumplirse. Estos pensamientos negativos deprimen tu espíritu, tus relaciones con las personas que te rodean, y tu personalidad. De algún modo, te has convencido de que nunca serás suficiente y está empezando a gobernar tu vida.

Sé intencional, en lugar de ser todo lo que no es negativo; sé optimista y esperanzado. Piensa y habla palabras buenas contigo mismo y descubrirás que es muy potente y beneficioso.

Finalmente, haz esfuerzos para controlar tus hábitos de pensar demasiado, pensando deliberadamente de forma más positiva sobre la vida.

¿Qué son las afirmaciones y funcionan?

Una afirmación es una declaración, un comentario optimista que realmente ayuda a inhibir la negatividad y el auto-daño. Cuanto más declares estas palabras, más las crees realmente, y posteriormente, más positividad puedes irradiar.

Reiterar constantemente estas palabras puede ayudar tanto a nuestro estado mental que reforma nuestras cadenas de pensamiento para hacernos comenzar a pensar y comportarnos de manera positiva.

Por ejemplo, hay pruebas de que las afirmaciones ayudan en tu desempeño laboral de forma positiva. Cuando te sientas un poco nervioso/a ante una reunión importante, puedes tomar un momento para concentrarte en todas tus grandes cualidades y esto te ayudará a calmarte, mejorar tu autoestima, evitar que te pongas nervioso/a y aumentar las posibilidades de que seas productivo/a.

La autoafirmación también puede mejorar los terribles efectos de la ansiedad y el estrés.

Incluso mejor, las afirmaciones han sido una terapia mental para personas que sufren de depresión, baja autoestima y una gran cantidad de otros trastornos mentales. También se ha demostrado que las afirmaciones estimulan ciertos aspectos de nuestro cerebro que activan la alta probabilidad de ser más conscientes y dirigidos hacia la positividad con respecto a nuestra salud. Cuando tienes un alto concepto de ti mismo, te preocupas más por mejorar tu salud en general. Por lo tanto, si crees que comes en exceso, por ejemplo, y necesitas empezar a hacer ejercicio, entonces las afirmaciones se pueden utilizar para ayudarte a recordar tu valía y, de ese modo, animarte a hacer algunos cambios en tu estilo de vida.

Cómo utilizar afirmaciones positivas

Las afirmaciones no tienen restricciones, puedes usarlas siempre que desees hacer cambios positivos en tu vida. Puedes usarlas cuando quieras:

- Mejora tu autoestima antes de reuniones y presentaciones cruciales.
- Controla tus emociones, poniendo un freno a cualquier sentimiento pesimista como la ira, la decepción y la facilidad de irritabilidad.
- Revitaliza tu autoconfianza.
- Termina con éxito los proyectos que comenzaste.
- Mejora tu eficiencia
- Vencer los malos hábitos.

Las afirmaciones funcionan mejor con metas establecidas y pensamientos más optimistas.

La visualización complementa las afirmaciones perfectamente. Así que, no solo visualices ese gran cambio, háblalo contigo mismo, escríbelo hasta que lo creas. Afírmate positivamente.

Las afirmaciones también son muy valiosas cuando estás determinando nuevos objetivos y metas. En el momento en que especifiques exactamente lo que quieres lograr, las afirmaciones y comentarios afirmativos pueden ayudar a impulsarte constantemente hacia el éxito.

Decir esas declaraciones positivas una y otra vez a ti mismo es realmente la clave para la potencia. Pégalo en tu pared, o configúralo como una alarma, pero asegúrate de repetir esas palabras a ti mismo tan a menudo como sea posible todos los días. Aún más importante es la necesidad de que repitas esas palabras cuando te encuentres pensando demasiado de nuevo, o haciendo esos hábitos que has estado tratando de romper.

Cómo Escribir una Declaración de Afirmación

Tu declaración afirmativa debe dirigirse a un aspecto o hábito particular que estás tratando de romper. Puedes personalizar tu declaración afirmativa según tus necesidades utilizando los consejos a continuación.

- Considera ese hábito del que estás tratando de alejarte. El comportamiento que quieres mejorar. Puede ser tu mal genio, tu facilidad para irritarte, tus habilidades de comunicación deficientes o tu productividad casi nula en el trabajo.

- A continuación, anote aquellos aspectos de su vida a los que le gustaría hacer modificaciones y asegúrese de que se alineen con sus valores clave y todo lo demás que sea vital para usted. Si no alinea estos cambios con sus valores, es posible que no esté verdaderamente inspirado para alcanzar esos objetivos.

- No trates de hacer afirmaciones imposibles e inconfiables, sé realista y práctico al respecto. Por ejemplo, si no estás satisfecho con el salario que recibes cada mes, puedes comenzar a reiterar afirmaciones para aumentar tu confianza lo suficiente para solicitar un aumento.

- Sin embargo, lo mejor es no convencerte de que definitivamente recibirás un aumento del doble de tu salario anterior porque generalmente es imposible que los empleadores dupliquen tu salario así como así. ¡Se pragmático y razonable! No es que las afirmaciones sean encantamientos. Lo que necesitas es creer, de lo contrario, esas palabras podrían tener poca o ninguna potencia en tu vida.

- Cambia la negatividad y abraza la positividad. Si te gusta desanimarte a ti mismo y dañarte en general, aprende a observar los pensamientos o ideas particulares que acechan tu mente. Luego crea una afirmación que contradiga completamente esa línea de pensamiento.

- Imaginemos que a menudo te dices a ti mismo que no eres lo suficientemente hábil ni talentoso como para avanzar en tu carrera, puedes cambiar esto por completo escribiendo una afirmación como, "Soy lo suficientemente bueno y soy un experto talentoso en lo que hago".

- Sé particular en escribir en presente en muestra de creencia de que lo que estás diciendo ya está ocurriendo. Es la única forma en la que realmente puedas creer y ver que realmente sucede. Por ejemplo, un buen ejemplo de una afirmación efectiva es: "Estoy listo para esta presentación, conozco bien este tema porque me he preparado bien para ello y va a ser una presentación maravillosa." Dite esto a ti mismo cuando comiences a sentir nervios y ansiedad por hablar en público.

- Dilo como si realmente lo quieres. Traer emociones a tu afirmación puede realmente ayudarte a hacer que las palabras sean más productivas. Si realmente lo deseas, actúa como si lo hicieras diciéndolo con voluntad. Dilo como si tuviera sentido para ti y significara algo para ti. Por ejemplo, si tienes problemas para calmar tus nervios sobre un nuevo proyecto que te dieron, entonces intenta decirte algo como, "Estoy emocionado por este nuevo desafío. No puedo esperar para enfrentarlo".

Ejemplos de Afirmaciones

Por supuesto, tu afirmación es exclusiva para ti, así que deja que especifique exactamente lo que quieres lograr y todas las alteraciones que buscas hacer. Sin embargo, a continuación hay algunos ejemplos que pueden ayudarte a comenzar:

- Mis innovaciones para este nuevo desafío son innumerables.

- Mi jefe y todos mis colegas apreciarán mi trabajo cuando termine.
- ¡Tengo la capacidad de lograr esto!
- Mi opinión es invaluable para mi equipo.
- Soy triunfante y victorioso.
- El candor es mi lema.
- Soy consciente del tiempo en cada tarea.
- Agradezco este trabajo y no lo doy por sentado.
- Me encanta lograr buen trabajo con mi equipo.
- Soy excepcional en todo lo que intento.
- Soy magnánimo.
- Estoy cumplido.
- Voy a marcar el ritmo en esta empresa.

Las afirmaciones son declaraciones de positividad que ayudan a vencer la autodestrucción y la negatividad en general.

Capítulo 15: Convertirse en una persona orientada a la acción.

No puedes simplemente decidir dejar de sobre pensar, sino que tienes que tomar medidas deliberadas para asegurarte de que estás libre de ese hábito. No pienses demasiado en tomar la decisión correcta, a menudo aprendemos de nuestros errores. De hecho, las mejores lecciones son las que se aprenden a partir de un error.

Siempre debes estar listo para tomar acción sin importar cuán inciertas parezcan. Pensar demasiado trae dudas y esas dudas nos restrigen de tomar acción donde deberíamos. Uno nunca puede ser demasiado seguro en la vida. Nuestras vidas serán mucho mejores si podemos hacer la mayoría de las cosas que hemos tenido en mente hacer.

Sin embargo, cuando hablo de tomar acción, me refiero a una acción dirigida. Antes de tomar cualquier acción, primero debes considerarla con la situación actual, la acción debe ser tomada sabiamente y no basada en emociones.

Consejos para tomar acción en superar el pensamiento excesivo.

1. Reconoce el resultado de la indecisión. La forma más efectiva de deshacerse del exceso de pensamiento es identificar las consecuencias de la indecisión. En cada situación, compara la consecuencia de tomar una decisión con la consecuencia de no tomar ninguna. Si el resultado de esta última es más favorable, entonces simplemente debes seguir adelante.

2. Tira una moneda. Cuando parece que no puedes quitarte un problema de la cabeza, puede ser tu instinto tratando de advertirte que la situación no está bajo tu control o que no es necesario darle vueltas al asunto. Lo único que necesitas hacer en casos como este es abrir el siguiente capítulo y seguir adelante.

3. Escribe 750 palabras. Escribir es una forma que puedes utilizar para despejar tu mente. Te ayuda a ver claramente cuáles son los problemas y idear formas de resolverlos.

4. Decide dos veces. Siempre prueba la fuerza de tus decisiones tratando de decidir sobre ese problema dos veces antes de tomar acción. Después de tomar una decisión sobre un asunto, escríbela y después de 24 horas, reflexiona sobre ese mismo tema pero esta vez en un lugar diferente. Luego responde las mismas preguntas que te hiciste y toma una nueva decisión. Ahora, fíjate si corresponde a la primera decisión.

5. Confía en tu primer instinto. Como se dijo antes, pensar demasiado trae dudas. Nos impide tomar decisiones rápidamente, nos hace perder la fe o la confianza en nosotros

mismos. Por lo tanto, siempre aprende a confiar en tu primer instinto.

6. Limita las decisiones que tomas. No tienes que decidir sobre todo. Aprende a seguir estándares. Esto limitará la cantidad de decisiones que tendrás que tomar en un día y aumentará aún más tu capacidad para tomar decisiones mejores para cuestiones más serias.

7. Siempre puedes cambiar de opinión. ¿Qué nos dio la impresión de que las decisiones deben ser muy rígidas, dominantes y severas? Las decisiones pueden cambiarse, uno puede tener un cambio de corazón en cualquier momento, esto es lo que necesitas saber. Puedes decidir ahora comprar una nueva propiedad y luego decidir no hacerlo, todo es tu elección y no le debes explicaciones a nadie. Tus amigos solo están ahí para influir en tu decisión y no tomarla por ti. Solo pueden intentar convencerte de algo, pero al final del día, tú decides. Los buenos amigos siempre aceptarán tus decisiones y te apoyarán en todo. Sin embargo, al tomar decisiones, elige actividades emocionantes, cosas que te hagan feliz. Recuerda que tu felicidad es tu responsabilidad.

Hay algo conocido como parálisis por análisis. Esta es una condición causada por pensar demasiado. Es una situación en la que no se toma ninguna decisión sobre un tema porque ha sido sobreanalizado.

No pienses demasiado en los problemas, solo los prolongarán, en cambio, sé un hombre de acción.

Capítulo 16: Superando tu miedo.

Dejar que los sentimientos nos dominen y nos hagan entrar en un estado de sobre pensar es parte de la naturaleza humana. ¿Quién se adentrará en una situación probablemente dolorosa? Simplemente al evadir constantemente al "fantasma" interno, te convertirás en prisionero del monstruo.

Un sentimiento muy fuerte es el miedo. Tiene un impacto poderoso en la mente y en tu apariencia física. Puede generar reacciones poderosas cuando estamos en situaciones alarmantes, por ejemplo, cuando hay un incendio o estamos siendo agredidos.

Por lo general, esto incluye un intento de combatir cualquier factor estresante que pueda llevar a la angustia y la participación en interrupciones ilimitadas. Sin embargo, estás combatiendo situaciones posibles que te brindarán desarrollo y felicidad. Además, tienes que luchar contra el miedo para siempre. El miedo atacará sin importar cuánto intentes evitarlo. Y probablemente atacará en un momento en el que necesites serenidad emocional en mayor medida.

También puede atacar cuando te enfrentas a situaciones que no ponen en peligro tu vida, como citas, exámenes, nuevo empleo, una fiesta o enfrentarte a una multitud. El miedo es la respuesta habitual a una advertencia que puede ser percibida o evidente.

Estas son algunas recomendaciones para combatir el pensamiento excesivo si lo estás experimentando:

- Permítete sentarte con tu miedo durante 2-3 minutos a la vez. Inhala y exhala con el miedo y di, "Está bien, parece muy malo pero los sentimientos son similares al mar -

las mareas van y vienen." Asegúrate de tener una actividad positiva planeada para después de sentarte: contacta a ese confidente que quiere saber cómo te fue; sumérgete en una actividad que encuentres placentera e intrigante.

- Escribe las cosas por las que estás agradecido. Mira lo que has escrito cuando te encuentres de mal humor. Haz la lista más larga.

- Recuerda que tu ansiedad es un almacén de sabiduría. Haz una nota, "Querida ansiedad, ya no te tengo miedo, ¿qué puedo aprender de ti?".

- Usa el humor para desinflar tus peores temores. Por ejemplo, ¿cuáles son las escenas más graciosas que pueden ocurrir si aceptaras una invitación para hablar frente a una audiencia de 500 personas? Me meo en los pantalones en el escenario. Puedo ser detenido por dar el discurso más horrible en la historia de la humanidad, mi ex novio (novia) estará en la congregación y se burlará de mí.

- Aprecia tu valentía. Cada vez que haces algo que te da miedo, a pesar del miedo, te has vuelto mucho más poderoso y es probable que el próximo ataque de miedo no te haga rendirte.

- Recompénsate a ti mismo. Por ejemplo, cuando llamas a esa persona que realmente no quieres hablar, refuerza tu logro dándote algo placentero como un tratamiento de spa, comer fuera, comprarte un libro, dar un paseo, darte algo que te haga feliz.

- Cambia tu visión del miedo. Si tienes miedo como resultado de un fracaso pasado, o simplemente tienes miedo de hacer algo más, o crees que el hecho de que hayas fallado antes significa que fallarás en otras cosas, no olvides que el hecho de que fallaste antes no garantiza que fallarás cada vez. Ten en cuenta que cada momento es un nuevo comienzo, una oportunidad para empezar de nuevo.

No te dejes llevar por miedos inciertos.

Capítulo 17: Confía en ti mismo.

Estar inseguro sobre ti mismo suele resultar en ansiedad y en darle demasiadas vueltas a las cosas relacionadas con el mañana. Te das cuenta de que careces de la confianza en ti mismo para realmente manejar situaciones específicas y tomar decisiones. El exceso de pensamiento surge porque te sientes insuficiente y tienes dudas sobre tus propias elecciones. Realmente, el problema con el exceso de pensamiento es cuánto control tienen tus pensamientos sobre ti. Con el tiempo, comienzas a dudar de tu capacidad para tomar decisiones acertadas y finalmente pierdes confianza en tus habilidades para tomar decisiones.

Varias personas residen en la indecisión porque dudan en tomar el control de sus vidas, reconocer y asumir las consecuencias de sus acciones. Saltas ante cualquier oportunidad de culpar a alguien más por la decisión final que tomaron en tu nombre si las cosas salen mal. Sin embargo, la verdad es que cualquier decisión tomada sobre tu vida todavía vuelve a ti, especialmente si actuaste en consecuencia. Porque, como adulto, hay algunas cosas sobre tu vida que no puedes pasar por alto como una táctica manipuladora de alguien sobre ti. Te lo digo, no se sostendrá en el tribunal. ¡Eres responsable de tu propia vida! Por lo tanto, es sabio aprender a tomar en cuenta cada decisión, paso y acción que tomes.

En realidad, nadie puede obligarte a hacer nada. No importa cuán dominantes y controladores sean, tú decides si quieres seguir esa línea o no. Tus acciones o inacciones siguen siendo tu responsabilidad, independientemente de cuya idea haya sido.

En lugar de distribuir tus problemas para que los decidan otras personas, puedes tomar el control de tu vida tomando tus propias decisiones por ti mismo. Pronto, comienzas a sentir una sensación de satisfacción y confianza en tus juicios y en sus posibles resultados. Necesitas acostumbrarte a tener fe en tu capacidad para manejar situaciones específicas. Nadie puede creer en ti como lo harás tú.

Si no quieres ser rehén de tus excesivas preocupaciones, entonces debes levantarte y hacer las cosas en tu vida. Solo estarás engañándote a ti mismo y te perderás el potencial crecimiento y desarrollo personal.

Suerte para ti, todo lo que necesitas para manejar con éxito cada problema que encuentres en tu vida es confianza en tus habilidades.

Confía en que tienes la capacidad de enfrentar cualquier cosa que la vida te presente con el enfoque adecuado. En el momento en que comienzas a creer en tus habilidades, empiezas a pensar menos y te encuentras más decidido.

Te daré la primicia sobre qué hacer para aprender a creer en tus habilidades:

- Trata de no darle muchas vueltas al resultado final de tu juicio. El mundo, en general, es variable y los humanos son difíciles de predecir; por lo tanto, sería absurdo pensar que puedes estimar fácilmente las consecuencias inminentes. Como resultado, podemos decir que la toma de decisiones es casi siempre un tiro al aire. Aunque confiar en ti mismo y en tu capacidad para tomar buenas decisiones sigue siendo muy beneficioso, ten en cuenta que no puedes controlar el resultado final de tus decisiones. En resumen, darle muchas vueltas al asunto es inútil.

- Trata de no hacer las cosas por impulso. La gente tiende a ser impulsiva instantáneamente porque encuentran que pensar en el resultado probable es una tarea ardua. Por lo tanto, les resulta difícil pasar por el proceso de deliberación. Tomar una decisión impulsiva no es una idea terrible, de hecho, sobre la indecisión, es una idea increíble. Sin embargo, con la experiencia pasada de mal juicios, tomar un poco de tiempo para pensar en tu decisión es sabio.

- Enfrenta tus miedos. Las personas que no tienen confianza en sí mismas suelen ser aquellas que buscan rutas aparentemente fáciles. Como resultado de esta falta de fe, tienen miedo de fracasar y, en consecuencia, toman malas decisiones. Ante la toma de decisiones, intenta elegir la opción que más te asuste, ya que esa es probablemente tu camino hacia el crecimiento.

- Crea un equilibrio entre prestar atención a tu sentido de la razón y confiar en tu intuición. Tu mejor oportunidad de tomar la mayoría de tus decisiones de manera acertada es aprender a lograr un equilibrio entre la razón y los presentimientos. Prestar atención solamente al sentido y a la racionalidad podría persuadirte a optar por la opción más prudente en lugar de seguir tu instinto. Incluso puedes decirte a ti mismo que necesitas esperar por más información en esa área antes de tomar cualquier decisión, ¡lo que puede resultar en no tomar ninguna decisión en absoluto! Por el contrario, seguir tu intuición puede llevar a tomar decisiones descuidadas. Por lo tanto, prestar atención a tu ser completo es crucial para tomar la decisión correcta, especialmente en relación con decisiones importantes. Como dicen, "no olvides llevar tu cerebro contigo mientras escuchas a tu corazón".

- Enfócate más en tus buenas decisiones pasadas y en los escenarios que las rodean. Pregúntate cómo te sentiste al tomar esa decisión durante y después de hacerla, y qué hiciste para llegar a ese veredicto. Considera qué hizo que fuera una buena elección en comparación con cuál era la otra opción. Reflexionar sobre tus buenas decisiones pasadas te ayudará a construir confianza en tus habilidades para tomar decisiones sabiendo ahora que tienes estas capacidades. Posteriormente, podrás descubrir fácilmente el plan de juego más adecuado para tomar decisiones. Personalmente, he descubierto que una señal de que estoy tomando una buena decisión es cuando no dudo al tomarla. Cuando confío en mi decisión es cuando me siento más organizado y centrado.

- Haz la elección que te brinde la mayor cantidad de alternativas. A todos les gustarán las opciones con muchas posibilidades para elegir. Aunque, hay elecciones que te restringen a un conjunto de opciones no diverso que solo serán una carga para ti más adelante. Realmente no tienes por qué pasar por el estrés, así que asegúrate de optar por la opción que eventualmente será la más rentable, por más difícil que sea elegir. Deja que tu anticipación del resultado de tus habilidades supere ese miedo al fracaso.

- Detente por un momento cuando te enfrentes a una decisión difícil y pregúntate: "¿qué pasaría si ocurriera un milagro de la nada y mi vida entera cambiara positivamente?" Esto puede aliviar la carga de los y si y ayudarte a ver la posibilidad de resultados positivos, llevándote así hacia la mejor opción.

La racionalidad nos persuade a tomarnos nuestro tiempo y obtener más información antes de considerarnos listos para tomar una decisión. Esto suele ser resultado de nuestra tendencia a pensar demasiado las cosas y temer tomar decisiones equivocadas. Puede dejarnos en un aprieto y con una falta de voluntad para tomar cualquier acción. Debes saber que la indecisión en sí misma ya es una decisión tomada, por lo que es esencial simplemente lanzarse con un poco de racionalidad y un poco de valentía para equilibrarlo. En el momento en que te vuelves más atento a esa voz interna que aparece de vez en cuando para decirte lo que verdaderamente deseas, el sentido común y la racionalidad pueden actuar de tal manera que te beneficiarán a largo plazo.

No tengas miedo de cometer errores y fallos porque la verdad es que muchas veces, el miedo produce los mejores resultados especialmente cuando eliges la opción de la que más tienes miedo. Existe una alta probabilidad de tomar la decisión correcta que buscas cuando es realmente difícil. Aunque la vida es impredecible, al menos debes tener la suficiente dignidad para ser tu propio tomador de decisiones.

Conecta con tus neuronas naturales, confía en tus instintos, sigue tus corazonadas.

Capítulo 18: Deja de Esperar el Momento Perfecto.

Estás condenado a seguir dando vueltas en un ciclo de pensamientos negativos si te dejas llevar por la sobrethinking. Es deprimente y sin sentido seguir deteniéndose en los mismos pensamientos. Ni siquiera mejora, ya que el sobrethinking puede influenciarte negativamente emocional y mentalmente. Lamentablemente, varias personas están atrapadas con tal idealismo que han perdido por completo contacto con la realidad.

Pensar demasiado te da una apariencia de necesidad de perfección pero en realidad, solo te hace perder el tiempo en asuntos importantes.

Por ejemplo, en lugar de simplemente comenzar tu negocio, el pensar demasiado te dejará en pausa mientras inventas eventos irreales en tu cabeza con preguntas como ¿y si no tengo suficientes fondos para comenzar? ¿y si se acaba el tiempo antes de que pueda empezar correctamente? ¿y si nadie quiere ser mi cliente? Antes de darte cuenta, comienzas a cuestionar tu preparación.

Al final del día, puede que descubras que nunca iniciaste el negocio.

Sin embargo, ¿qué tan seguros estamos de que el futuro será más brillante? ¿Dónde está la prueba? ¿Realmente podemos depender en nuestra esperanza en el futuro?

¡Ahora mismo, en este mismo momento, esta experiencia presente es lo único cierto, ¡nada más! La única certeza es el presente. Enfrentémoslo, la probabilidad de obtener satisfacción de un momento futuro impredecible es bastante baja, especialmente si hasta ahora no has tenido un momento satisfactorio que realmente saciara tus deseos insaciables, incluso después de tu gran anticipación. Tanto para la prueba de un futuro más brillante.

Nos ocupamos demasiado del pasado y del futuro desconocido pero esperado. Cuando nuestra esperanza en el futuro de riqueza y prosperidad nos falla, entonces recurrimos al pasado con sentimientos sobre cómo eran las cosas antes.

En nuestra mente, es un lugar eufórico, en algún lugar con valor, un futuro más brillante, en cualquier parte menos donde estamos en ese momento y de alguna manera, creemos en este lugar al que nos hemos dicho que nos traerá realización y dirección.

Sin embargo, esta utopía es solo un producto de nuestra imaginación.

En realidad, decepciones y contratiempos son lo que realmente sucede. Con el tiempo, a medida que la vida se demuestra incapaz de cumplir nuestra ilusión feliz de una utopía que honestamente es empujada por todo tipo de medios de comunicación, nos volvemos inquietos.

Todos los días, estamos cada vez más insatisfechos con la vida a medida que ganamos y adquirimos más, pero nuestros deseos reales no son satisfechos. Pronto, empezamos a sentirnos más melancólicos y desanimados, inquietos y aprensivos como si hubiera una carga sobre nosotros y posteriormente, empezamos a actuar irracionalmente porque sentimos que el universo nos decepcionó. Esto no ayuda a nuestras amistades y relaciones con las personas que nos rodean. La mayoría de las veces, un hombre deprimido pierde conexión con todo lo que es real.

Es una tortura mental seguir manteniendo tu vida como rehén en anticipación de un momento surrealista en el que quieres estar en cualquier lugar menos donde estás en ese momento o ser cualquier persona menos quien eres actualmente. Parece que estamos atrapados en fantasías que hemos creado, todas las cuales dependen de esa esperanza singular de que hay algo que podemos y debemos hacer para sentirnos satisfechos en la vida.

¿Qué tal si hacemos una pausa de todo y consideramos que podemos encontrar felicidad total y completa en el presente?

Puedo garantizarte una cosa; si estás dispuesto a detenerte con la rapacidad, entonces comenzarás a darte cuenta de que el aquí y el ahora es justo donde necesitas estar para finalmente sentir contentamiento.

La verdad es que, a pesar de las pruebas que enfrentas en la vida cada día, cada momento es precioso y es como debería ser. Necesitas empezar a ver la vida tal como es.

La vida es una integral efimeridad y cada segundo, cada instante es solo una pieza de ella. El tiempo realmente no espera por nadie y la naturaleza no se preocupa por ello. Todo lo que tenemos son cadenas de segundos espléndidos y experiencias que conforman nuestra entidad. Debes darte cuenta de que solo puedes vivir una vez, por lo que estos instantes compartidos no pueden ser nada más que simples momentos, así que vívelos, sé consciente de ellos.

Para aquellos que aún no están lo suficientemente inspirados como para dejar de preocuparse innecesariamente por lo que el futuro realmente depara o no, ¿necesito recordarles que llegará un día en el que simplemente no tendrás la capacidad de preocuparte? Aceptes o no, la dura verdad es que la muerte probablemente te arrebatará antes de que esa ilusión que has creado perfectamente se materialice.

¡Nunca podrás recuperar esos segundos que lamentaste o evitaste. ¡Ese tiempo se ha ido para siempre! Aprecia cada instante, aprovecha el día, ámate a ti mismo, muestra amor a las personas que te rodean y ama la tierra, después de todo, es tu planeta.

Haz un esfuerzo por encontrar contentamiento y felicidad en cada momento, especialmente en el aquí y ahora, no los ignores. Cómo reaccionas a este momento presente influirá grandemente en el siguiente momento y en los momentos posteriores. Esto tiene un efecto en cuántas oportunidades obtienes en la vida y cuánta riqueza acumulas en última instancia.

Por lo tanto, vive el momento, ya sea que estés disfrutando o no disfrutando de cada segundo, vive en cada momento en lugar de desear que algo espectacular te suceda.

Si sigues esperando a que seas feliz dependiendo de que algo específico suceda, es posible que nunca puedas llenar el agujero de insatisfacción que has cavado en tu propio corazón. Si nada nuevo ha sido capaz de satisfacerte por mucho tiempo, entonces sabes que hablo la verdad. Después de un tiempo, ese nuevo producto ya no te satisface, tampoco lo hace ese logro o esa nueva cita. Sigues sintiéndote vacío y insatisfecho. Pronto te encuentras en un bucle al establecer otro nuevo objetivo y terminas sintiéndote exactamente de la misma manera.

Necesitas empezar a decirte a ti mismo que la satisfacción y la alegría no te esperan en un futuro lejano ni te han pasado por alto. Está justo a tu alcance aquí y ahora, en cada momento que pasa. Es hora de vivir en el momento y apreciar la belleza en cada segundo, es hora de empezar a vivir plenamente. ¡Esto es todo! ¡Ya está ocurriendo, toma lo que es tuyo!

Ningún momento es más perfecto que este aquí, en este momento. No hay un momento absoluto. Este está yendo tal como debería. Vívelo ahora.

Capítulo 19: Deja de preparar tu día para el estrés y la sobrethinking.

Escapar por completo de días abrumadores y excesivamente estresantes no es posible, pero puedes reducir la cantidad de estos días por mes o anualmente, comenzando bien tu día y no preparándote para un estrés irrelevante, la agonía y el exceso de pensamientos.

Tres puntos que ayudarán con esto son:

Empieza bien. La forma en que comiences tu día, la mayoría de las veces, crea el ritmo con el que se desarrollará tu día. Un día difícil será el resultado de una mañana estresante. Escuchar malas noticias en tu camino al trabajo te hará tener pensamientos negativos todo el día.

Mientras tanto, si lees un artículo de nutrición durante el desayuno, haces un poco de ejercicio y luego comienzas tu día con tu tarea más crucial, creas un gran estado de ánimo para tu día y te aseguras de que seas optimista todo el día.

Realice una sola tarea y tome descansos regulares. Esto ayuda a mantener un enfoque agudo durante todo el día y a realizar las tareas más cruciales. Y al mismo tiempo crea espacio para la relajación y la rejuvenecimiento, para que no se quede vacío.

Este tipo de actitud descansada con un enfoque agudo te hará pensar con claridad y precisión, evitará el cansancio y el espacio mental de pensamientos excesivos.

Minimiza tu entrada diaria. El exceso de noticias, comprobar continuamente tu bandeja de entrada y cuentas en redes sociales, o el progreso de tu blog o sitio web causa una entrada excesiva y congestiona tu cabeza a medida que avanza el día.

Por lo tanto, es más difícil contemplar fácilmente y con claridad, no será difícil caer de nuevo en el conocido comportamiento de sobre pensar.

Administra tus picos. Tan pronto como aprendas a ubicar las tareas importantes, podrás planificar cómo obtener el máximo logro. Esta es la parte donde reunimos nuestra fuerza innata.

Somos muy conscientes de que una vez que el trabajo está avanzando de manera constante, las distracciones se disipan, nuestra concentración está en su máximo nivel y nuestro trabajo nos deja asombrados; esto es perfecto. Ciertamente no podemos descuidar las tareas vitales (a veces repetitivas) que sirven como mantenimiento para nuestras empresas, pero podemos notar cuándo estamos funcionando en tiempo utilizado en lugar de tiempo no utilizado.

Si estamos absortos y luchando con tareas cruciales en nuestras horas máximas, querremos trabajar durante más tiempo y sentirnos menos cansados a medida que pasa el tiempo. Reducir nuestro tiempo no utilizado también puede maximizar nuestra fuerza y motivación, y ayudar nuestra concentración en un buen pensamiento crucial en lugar de un mal pensamiento innecesario. Una vez que hayas identificado tus períodos pico, estás listo para aprovechar esas horas valiosas.

Empieza bien. Realiza una tarea a la vez y toma descansos regulares. Minimiza tu entrada diaria.

Capítulo 20: Aceptando Todo lo que Sucede.

Esto se obtiene de una de las lecciones de la filosofía estoica. El enfoque de esto es que debemos aceptar lo que ocurra, ya sea bueno o malo, y creer que sucede para un bien mayor aunque no lo parezca en este momento.

La mayoría de las veces, el exceso de pensamientos ocurre como resultado de reflexionar sobre cosas que ocurrieron en el pasado. Comenzamos a imaginar cómo habrían sido las circunstancias si las cosas no hubieran ocurrido de la manera en que lo hicieron. La depresión a menudo ocurre a medida que seguimos reproduciendo y sobreanalizando las situaciones en nuestras mentes.

Los problemas del hombre son el resultado de sus pensamientos que él mismo crea. El significado de una cosa se obtiene del significado que le das. Tu cerebro da significado a los eventos de la vida para entender lo que está sucediendo.

El significado que le asignas a tus experiencias cambiará continuamente tus sentimientos; además, la calidad de tu vida proviene de las emociones que sientes.

El significado que asignas a una situación puede ser incorrecto si se ve a través de una lente distorsionada. Como ejemplo, la falta de confianza será la base que asignas a todas las relaciones futuras si te engañaron en una relación pasada. Esto es solo una parte del cuadro y no puede categorizarse como incorrecto o correcto.

Tu felicidad depende de que mires hacia atrás en los eventos que han ocurrido y aceptes lo que es, dejando ir todo aquello que no puedes controlar.

La forma en que pensamos es lo que nos impide alcanzar la felicidad, no las casas de lujo, una cuenta bancaria llena de dinero o autos elegantes. Aunque estas cosas son buenas tener, tienden a desgastarse con el tiempo y se vuelven irrelevantes si no puedes sentir satisfacción y paz en tu interior.

Sobre-pensar no te ayuda a mejorar, ni te permite experimentar la belleza de la vida. De hecho, es seguro que comenzarás a cargar emociones tóxicas a tu alrededor.

Como enseñan los principios estoicos, preocuparse no tiene efecto en eventos que ya han ocurrido, ya que no se pueden cambiar.

Acepta y cree que todo lo que sucedió ocurrió para tu mayor bien en lugar de culparte por lo que había sucedido.

Formas de Dejar Ir las Heridas del Pasado

Crear espacio para la felicidad y la nueva alegría en tu vida es la única forma en que puedes aceptarlas. No hay manera de permitir que algo nuevo entre en tu corazón si ya está lleno de dolor y sufrimiento.

Toma la decisión de dejarlo ir. Las cosas no desaparecen por sí solas. Necesitas estar comprometido/a a soltarlas. El autosabotaje puede surgir, impidiéndote avanzar si no decides conscientemente dejar ir la herida del pasado.

Tienes que ser capaz de entender que es tu elección dejarlo ir cuando decides conscientemente hacerlo. Deja de pensar en el dolor del pasado. Deja de revivir los recuerdos, relacionados con los eventos en tu mente, cada vez que recuerdas a la otra persona (después de haber completado el segundo paso abajo). Esto empodera a la mayoría de las personas al darse cuenta de que tienen la habilidad de seguir sintiendo el dolor o vivir una vida libre de él.

2. Expresa tu dolor y responsabilidad. Dale voz al dolor que sentiste por la herida, ya sea directamente a la otra persona involucrada, o quitándola de tu sistema

(escribiendo en un diario, compartiéndolo con un amigo, o incluso escribiéndolo en una carta que nunca entregarás a la otra persona involucrada). Asegúrate de sacarlo de tu sistema. Esto te ayudará a saber exactamente qué te causó sentirte herido.

Vivimos en un mundo de grises, aunque a veces se siente como si viviéramos en un mundo de blanco y negro. Sin embargo, la cantidad de responsabilidad del dolor que sentiste puede no ser la misma, es posible que seas parcialmente responsable de ello. ¿Qué otra opción o paso podrías haber tomado? ¿Estabas participando activamente en tu propia vida o eras simplemente una víctima? ¿Permitirás que tu dolor defina quién eres? ¿O te convertirás en alguien más complejo y con más profundidad que eso?

3. Deja de actuar como la víctima. Aunque se siente bien ser una víctima, al igual que pertenecer a un equipo ganador contra todas las demás personas. Pero ¿sabes qué? El mundo simplemente no le importa, así que necesitas pensarlo de nuevo. Es cierto, eres único. Es cierto, tus sentimientos cuentan. Pero no confundas "tus sentimientos cuentan" con "tus sentimientos están por encima de todo y nada más importa". Esta cosa llamada vida es un montón de cosas como compleja, desordenada e interconectada y tus emociones son solo una parte de ella.

En todos los pasos de tu vida, tienes la opción de seguir permitiendo que las acciones de otra persona te hagan sentir bien o mal. ¿Por qué permitirás que alguien que te ha lastimado en el pasado siga teniendo el poder de lastimarte en el presente?

Los problemas en una relación no pueden ser arreglados al seguir rumiando o sobreanalizándolos. Nunca. No en toda la historia de este mundo. ¿Por qué entonces elegirás pensar y gastar tanta energía en la persona que sentiste te lastimó?

4. Concéntrate en el presente, en el aquí y en el ahora, y en la alegría. Ahora es el momento de soltar. Deja de pensar en tu pasado y déjalo ir. Deja de mostrar una imagen en la que eres el protagonista y siempre la víctima de las acciones dolorosas de la otra persona. No puedes cambiar lo que ha ocurrido en el pasado, solo puedes asegurarte de que hoy sea el mejor día de tu vida.

Cuando te enfocas en el presente, no tienes tiempo para pensar en el pasado. Cada vez que recuerdes eventos pasados (lo cual sucederá de vez en cuando), permítetelo solo por un breve período de tiempo. Luego llámate de vuelta al presente suavemente. La mayoría de la gente puede hacer esto con la ayuda de una señal consciente, como diciéndose a sí mismos "está bien. Eso sucedió en el pasado y ahora estoy concentrándome en mi felicidad".

No olvides que no habrá espacio para cosas positivas si seguimos llenando nuestras vidas y mentes con sentimientos heridos. Tendrás que elegir entre seguir sintiendo el dolor o permitir la alegría en tu vida.

5. Perdónalos a ellos y a ti mismo. Básicamente, todo el mundo tiene derecho a nuestro perdón, aunque no podamos olvidar sus malos comportamientos. La mayor parte del tiempo, no podemos superar nuestra terquedad y dolor y no podemos imaginar conceder el perdón. El perdón no significa "Estoy de acuerdo con lo que has hecho", en cambio significa "Te perdono a pesar de no estar de acuerdo con tus acciones".

El perdón no significa ser débil. En realidad, retrata "Soy una buena persona, tú también eres una buena persona, tus acciones me han causado dolor pero deseo seguir adelante con mi vida y permitir la alegría en ella y no puedo hacerlo hasta que deje ir esto".

El perdón es un método de dejar ir algo de manera tangible. También es un medio de sentir empatía por la otra persona e intentar ponerte en los zapatos de la otra persona.

¿Cómo vas a vivir contigo mismo en futura felicidad y paz, si no eres capaz de perdonarte a ti mismo?

La clave para disfrutar de la felicidad y detener el exceso de pensamiento es la aceptación.

Capítulo 21: Da lo mejor de ti y olvida el resto.

Es bastante típico que te sientas inadecuado para poder manejar ciertos casos cuando surge la necesidad. Es humano preocuparse por tu capacidad para lidiar realmente con el problema de manera adecuada. Puedes decir que no tienes suficiente dinero, o recursos, o suficiente determinación, no suficiente compromiso, no suficiente fuerza, o capacidad mental para ello.

A veces, todo parece estar sucediendo al mismo tiempo y no puedes mantener el ritmo, por lo que caes en otra racha de demasiado pensar, lo cual irónicamente solo empeorará la situación en lugar de ayudarte a manejarla, a pesar de que incluso podrías estar preparado para ello. Pensar demasiado nos agota debido a todas las expectativas que ponemos en nosotros mismos y la necesidad continua de perfección.

¿Alguna vez has considerado que simplemente dar lo mejor de ti es suficiente y no tienes que preocuparte por las cosas que no puedes controlar? Está bien ser diferente, ser peculiar. No tiene que parecerse a la vida de otra persona. Se te permite tener un cuento completamente distinto que contar.

Preocúpate más por hacer tu mejor esfuerzo en lugar de preocuparte por lo que pueda pasar después. Ante ciertas situaciones, lo que esté fuera de tus manos puede ser determinante para el resultado final. Por ello, preocuparse no te servirá de nada, así que simplemente da lo mejor que tienes para ofrecer y deja que todo se resuelva.

Te garantizo que no tienes que hacer nada extra, tu mejor es tu mejor y siempre será recompensado de una forma u otra. Esfuérzate por dar lo mejor de ti porque, solo piénsalo, tu mejor es todo lo que puedes hacer en relación con ese asunto. Para algunos consejos sobre cómo seguir dando lo mejor de ti para una mejor efectividad:

- Vierte tanto amor en ti mismo. Amarte a ti mismo es sinceramente el meollo de la vida misma. Desde ese pozo profundo de amor propio, la inspiración para dar lo mejor de ti, no importa qué, realmente puede surgir. Te vuelves más amable, más benevolente, afectuoso, decidido y cada otro rasgo que siempre has deseado para ti cuando empiezas a amarte a ti mismo.

- Detente con toda la búsqueda de fallas e idealismo. Es bueno establecer altos estándares para nosotros mismos hasta que comencemos a caer en depresión porque resultan inalcanzables. Sé que dicen apuntar a las estrellas y si fallas al menos caerás entre las nubes, pero no te lesiones por ello. Establece un objetivo, pon tu mejor esfuerzo, pero no te castigues si no resulta exactamente como quieres. Confía en el proceso y ten fe en el universo. ¡No, el universo no está en tu contra!

- Sé consciente de tu entorno. La mejor manera de ser lo mejor que puedas ser es estar atento y consciente de las cosas que suceden a tu alrededor. Además, cuidado con tus reacciones ante cada acontecimiento. Considera tus próximas acciones, si es lo que deberías estar haciendo y si te beneficiará a la larga. Pregúntate si lo que estás haciendo en este mismo momento te ayudará a llegar a donde quieres estar en la vida. No necesitas un entrenador de vida cuando puedes responder a estas preguntas diariamente.

- Estar unidos pero también ser fluidos. Como se mencionó anteriormente, aclara tus deseos y tus necesidades y especifica lo que te trae alegría. La certeza ayuda a la fluidez en la vida. Asegúrate de no darle muchas vueltas, deja que fluya.

- No olvides que la vida es un proceso. No trates de apresurarte a través de la vida. Llegarás a tu destino, simplemente aprecia el proceso, incluyendo las pruebas y los triunfos. Vive en el presente y aprecia cada momento y cada respiración que tomas.

- No lo pienses demasiado. Deja de lado el miedo a fallar cuando has dejado lo demás. Los pensamientos negativos permanecen más tiempo y son dolorosos. Solo hará que pienses demasiado en eventos pasados y en el futuro desconocido. Más que nada, sabes que la mayoría de las historias que tejez en tu cabeza son falsas y sin fundamento. ¡Déjalas ir!

- No estoy diciendo que será fácil despejar tu mente todo el tiempo, pero nunca dejes que la negatividad se arraigue en tu mente. Puedes elegir no reaccionar como quiere que lo hagas, dejando que se desvanezca lentamente pero seguramente sobre ti. Sí, puedes elegir no verse afectado por esos pensamientos. ¡Déjalos ir! Cuando te resulte difícil borrarlos, teje una historia real en tu mente para reemplazar las falacias que la negatividad presenta.

- Deja de ser crítico. Cuando tienes algo que decir sobre básicamente todo lo que sucede a tu alrededor, obtienes la desagradable oportunidad de analizar en exceso las cosas. Reduce tus opiniones y ser crítico. Esto te ayuda a realmente dejar el resto cuando has hecho lo mejor. No tienes que formar una opinión sobre ese incidente que realmente no es asunto tuyo, o sobre esa persona. Estarás gastando una energía mental útil y solo te desgastarás. Le das un poco de espacio para respirar a tu cerebro cuando ignoras la tentación de opinar o juzgar cosas triviales.

No tiene que ser difícil.

La gente tiende a pensar que si algo no es difícil o doloroso, entonces no es real. Todo puede ser fácil dependiendo de cómo lo veamos o enfoquemos. Permite que la naturaleza te moldee y forme. Somete tu ser al cambio y al amor. Permítete ser amado totalmente y toma de vuelta tu vida de las garras del miedo.

Aprende a amar. Estúdialo a fondo. Dedica tiempo para entenderlo. Deja que el amor te encuentre, te cuide y te moldee en una persona que nunca ha conocido fragmentos, en alguien cuyo único recuerdo es el de la integridad. Por esto vives y respiras. Este es el meollo de la vida: el amor. Todo lo demás es simplemente un añadido. Cree en ti mismo y sé inquisitivo. ¡Toma el control de tu vida por completo!

No lo apresures, tómate tu tiempo. Gana algunas, pierde algunas, levántate, cae, ¡pero levántate de nuevo!...y no olvides reír con fuerza, y llorar con fuerza también. Canta, haz música con tu corazón. Armoniza con las melodías de aquellos que pueden escuchar tu canción. Sé todo esto con fe y gracia.

Hay tanto por hacer y pensar, solo haz lo que puedas hacer y deja el resto.

Capítulo 22: No te pongas presión a ti mismo para manejarlo.

Sin saberlo, muchos de nosotros añadimos estrés adicional a nuestra vida cuando ya nos enfrentamos al estrés diario.

El exceso de presión, acumulado con el tiempo, la mayoría de las veces causará una detonación. Por supuesto, no vas a explotar realmente, pero tendrás un colapso emocional, una pelea explosiva con alguien querido, o te sentirás deprimido cuando estés bajo presión autoimpuesta o presión social.

Evita ponerte bajo presión en exceso si quieres prevenir dilemas físicos y psicológicos. Aunque se diga que es fácil, puedes estar decidido a dejar ciertas situaciones. Ten en cuenta que no puedes transformarte de repente pero, conociéndote bien, puedes aprender a no siempre intentar ser perfecto.

Saber cuándo eres la causa de presión innecesaria es el primer paso para reducir la presión sobre ti mismo. No te castigues por este comportamiento general, más bien descubre cosas que hacer para dejar de perjudicarte a ti mismo y convertirte en tu aliado más poderoso para eliminar el estrés.

Ahora, ¿cómo podemos encontrar y liberar los puntos de presión? Te exijo que:

- Señala tus "puntos de presión". Preguntas como, "¿Cómo me he estado presionando en diferentes aspectos de mi vida (especialmente en mi vida amorosa)?" te ayudarán mucho.

- También pregunte esto, ¿Cuál es el efecto de mis puntos de presión en mis interacciones con las personas y en mi vida en general?

- Ahora intenta ubicar el origen de los puntos de presión. La pregunta, ¿De dónde proviene esta presión? Sé minucioso y honesto contigo mismo.

Estos son algunos de los mejores métodos para maximizar tu vida y reducir el estrés autoimpuesto como resultado del exceso de pensamiento.

Cometer errores está bien. Incluso si a nadie le gustan los errores, es frecuente que ocurran. ¿Cómo más se supone que vamos a aprender?

Deja de darte principios imprácticos. Todos cometemos errores y estos errores nos moldean en las personas que somos en este momento.

No tengas miedo de deshonrarte o arruinar las cosas. Sin errores, no sabremos las cosas que son adecuadas para nosotros y las que no lo son. Curiosamente, los errores son finalmente positivos.

Aprovecha las oportunidades, comete errores, arruina las cosas. Cuando eventualmente superes la vacilación, la prueba y el conocimiento adquirido te harán feliz.

Piensa como un realista optimista en lugar de un pesimista. Muchas personas tienen miedo de pensar de manera positiva, lo comparan con un juego mental en el que se desatienden problemas relevantes o consejos beneficiosos que la vida brinda y terminan cometiendo errores que causarán estrés adicional.

Un método optimista que puedes utilizar es el pensamiento positivo, es una manera de pensar que te permite concentrarte en los logros que aumentan tu autoestima y te permiten dar lo mejor de ti en el futuro.

Deja de compararte con otros. No hay otra persona como tú. Esto debería darte placer. Deja de medirte contra otras personas, especialmente con respecto a estándares poco prácticos. No hay otra persona como tú ni como la persona con la que te estás comparando.

¡Reconoce quién eres y presume! El hecho de que no te parezcas a otra persona no debería hacerte sentir inferior. Medirte constantemente con los demás solo te obliga a concentrarte en lo desfavorable.

Agradece por tus características especiales. Son específicas solo para ti. Agradece por cómo has sido tratado. Concéntrate en las cosas increíbles sobre ti. Cuando eres capaz de apreciarte adecuadamente, ser optimista se vuelve fácil y puedes desechar los pensamientos pesimistas que intentan meterse en tu mente.

Una de las cosas más difíciles que podemos hacer es olvidar. Pero si puedes olvidar las cosas que te agobian, convertirte en optimista en la vida se logra fácilmente. Llevar a cabo estos procesos ayudará a eliminar la presión y te permitirá vivir libre y feliz.

Date cuenta de que nada es tan importante. ¿Es esa presentación de PowerPoint para tu jefe o la preparación de las invitaciones para el cumpleaños de tu primer hijo? En el gran esquema, nada es lo suficientemente relevante como para hacerte sentir agotado, molesto o triste.

Nada vale la pena perder tu descanso nocturno. No te preocupes tanto que te enfermes. Más bien, inhala, exhala, luego obtén respuestas a las preguntas planteadas anteriormente. Esto ayudará a poner las cosas en orden.

No te presiones demasiado. Nada debe tomarse demasiado en serio.

Capítulo 23: Diario para sacar los pensamientos de tu cabeza.

Hay varias razones por las que llevar un diario es una herramienta altamente recomendada de gestión del pensamiento. Muchos tipos de investigaciones han mostrado la eficacia de llevar un diario para la felicidad, la salud y el manejo del estrés. Es una técnica simple y placentera. Hay diferentes formas de llevar un diario y todos tienen la oportunidad de beneficiarse de ello. El hábito de llevar un diario debería ser agregado a tu vida, puedes escribir en él diariamente, semanalmente, o tanto como necesites en caso de que el estrés se vuelva demasiado intenso.

Una forma en que el diario detiene el exceso de pensamiento es ayudándote a pasar por tus pensamientos. Esto se debe a que el exceso de pensamiento puede causar rumiación y estrés mental si no se controla, aunque algunas razones para tu exceso de pensamiento pueden reducirse a través de un poco de examen enfocado. Llevar un diario puede ser una excelente manera de cambiar y pasar de pensamientos rumiativos y ansiosos a pensamientos orientados a la acción y empoderadores.

Cómo Empezar

Puedes salir de una situación de estrés y sentirte aliviado en unos minutos siguiendo el plan que se presenta a continuación. ¿Estás listo/a? ¡Coge un bolígrafo o abre un documento y empecemos!

Comience por escribir en un diario durante 5 a 15 minutos. Apunte sus pensamientos y aquellas cosas que le perturban:

- Escribe tus preocupaciones y continúa haciéndolo hasta que sientas que has puesto las cosas que necesitas decir sin entrar en la rumiación. Puedes usar un diario, computadora o incluso papel y pluma. Si utilizas papel, procura dejar una línea o dos por cada línea utilizada, ya que será útil más adelante.

- Explica lo que está sucediendo en ese momento y los eventos que actualmente están causando dificultades. No olvides que con el exceso de pensamiento, no siempre es lo que está ocurriendo actualmente lo que causa estrés, sino tus preocupaciones sobre lo que pueda suceder en el futuro. Si esto es así para ti, está bien; puedes apuntar lo que está ocurriendo actualmente e indicar que la única parte que realmente es estresante es lo que sucederá a continuación. (Esto, de hecho, puede llevar al alivio del estrés en sí mismo).

- A continuación, escribe tus miedos y preocupaciones y ponlos en orden de tiempo desde el más temprano hasta el más reciente. Esto significa que comienzas con una de las cosas que te causan estrés en el presente y piensas en lo que puede llevar a. Luego, anota tus miedos sobre lo que ocurrirá después.
- Escribe su efecto en ti.

Una vez que tus pensamientos estén en orden, busca qué puedes hacer para reducir parte de la ansiedad y el estrés internos.

Escribir un Diario Hacia un Mejor Estado Mental

Poner tus miedos e inquietudes por escrito ayuda mucho en sacar esos pensamientos de tu cabeza y ponerlos al descubierto. A continuación, vuelve a leer y reflexiona sobre lo que has escrito.

El examen de tu distorsión cognitiva te ayuda a ver el beneficio de cambiar el hábito de los patrones de pensamiento inductores de estrés.

- Una vez que hayas observado lo que te preocupa en este momento, busca otras opciones. ¿Es posible que haya cambios en este momento? ¿Hay cosas que puedas hacer para cambiar los eventos o tus pensamientos sobre los problemas?
- Cuando escribes lo que temes que suceda a continuación, piensa lógicamente y esfuérzate por argumentar contigo mismo. Escribe todo lo que se cuestiona para saber si realmente es una preocupación o no. ¿Qué tan posible es que esto ocurra y cómo sabes que ocurrirá? ¿Estás seguro? Si tus preocupaciones

realmente suceden, ¿es posible que no sea tan negativo como esperabas que fuera? ¿Es posible que se vuelva neutral o incluso mejor, un evento positivo? ¿Es posible que puedas usar tus circunstancias para obtener un mejor resultado para ti, aprovechando las cosas disponibles para ti y los posibles cambios que puedan ocurrir? ¿Qué mejor cambio puedes lograr?

Ahora entiendes. Enfrentar tus miedos generalmente te ayuda a aliviar la ansiedad. Comienzas a ver que las cosas rara vez suceden una vez que piensas que son malas o no tan malas como crees que pueden ser.

- Por cada preocupación o miedo que tengas, esfuérzate por escribir al menos una o dos formas en las que puedas verlo de manera diferente. Crea una nueva historia para ti mismo, un nuevo conjunto de posibles eventos, y escríbelo en papel junto con tus miedos en los que estás pensando.
- El examen de tus distorsiones cognitivas también puede ayudarte a ver el beneficio de cambiar el hábito de patrones de pensamiento inductores de estrés.

Puede ser bastante útil procesar lo que sientes en papel. Escríbelo, prepárate para lo peor y espera lo mejor.

Capítulo 24: Cambia de Canal.

Nunca te permitas aburrirte con la vida, mantente siempre ocupado con cualquier cosa que te interese. Participa en cualquier actividad que te emocione y que también te distraiga de las preocupaciones. Todos enfrentamos diferentes desafíos en la vida pero no debemos concentrarnos en ellos. Sin embargo, una mente ociosa no tiene otra opción que preocuparse y darle vueltas a los problemas que rodean la vida. Cuanto menos ocupado estés, más tiempo tendrás para preocuparte. Por lo tanto, es muy necesario que encuentres alguna forma de distracción, algo que pueda ocupar tu mente y alejarte de las ansiedades.

Ten en cuenta que la mayor parte del tiempo, cuando te estás dedicando a algo que te brinda alegría, tu mente parece estar libre de pensamientos y simplemente empapada en el momento, es entonces cuando puedes decir "lo pasé bien". Cuando estás ocupado viviendo cada segundo de tu vida haciendo esto (involucrándote en cada actividad que te emociona); tiendes a olvidarte de tus preocupaciones, aliviando así tu mente del estrés.

Distraete con actividades como deportes, plantar, ver una película, incluso conversar con tus seres queridos. Sea lo que sea que elijas hacer para distraerte debe ser algo que te guste y que sea capaz de alejar tu atención de las ansiedades. Tu distracción también debe ser algo que se pueda hacer de manera regular. Si tienes muchas horas libres, incluso puedes considerar ofrecer servicios voluntarios a niños, personas mayores, incluso animales. Ayudar a otras personas es otra forma de distraerte de tus propios problemas y concentrarte en los demás. También te ayuda a sentirte útil, en lugar de preocuparte por cosas sobre las que no tienes control.

Encontrar una distracción es como tratar de sanar un corazón roto. Es una forma de ayudarte a seguir adelante del dolor y la herida, te ayuda a reconsiderar los hechos y a apreciar más la vida. Las distracciones son como buenos amigos que constantemente nos ayudan a encontrarnos a nosotros mismos cuando estamos perdidos.

Esta habilidad (habilidad de distracción) se usa a menudo en el campo médico para calmar a los pacientes y distraerlos del dolor u cualquier otra forma de malestar. Esto demuestra que esta habilidad o arte es muy necesaria para todos los campos de la vida. El objetivo de distraernos es brindarnos la oportunidad de experimentar otras cosas por las que podemos estar agradecidos. Abre nuestros ojos para ver el mundo que nos rodea y apreciarlo.

Una vez que comiences a involucrarte más en la vida, sin crear espacio para sentimientos ansiosos y preocupaciones, notarás la mentalidad positiva que viene con la paz mental.

Hay listas interminables de distracciones en las que puedes participar, pero a continuación se enumeran algunas.

- El hábito de escuchar música relajante
- Consigue una mascota con la que puedas abrazarte.
- Tomar té o disfrutar de tu mejor merienda
- Optar por largos paseos
- Ejercicio
- Participar en deportes
- Leer un libro
- Puedes escribir.
- Quédate quieto por un rato o echa una siesta.

- Limpiar la casa
- Salir de compras, encontrarse con amigos, o simplemente pasear.
- Dibujar
- Recita rimas o el abecedario.

Sea lo que sea que hagas, simplemente consigue un pasatiempo. Distrae tu mente para salir del ciclo.

Capítulo 25: Tomarse un Descanso.

Puedes ser arrastrado por los problemas cuando simplemente estás tratando de concentrarte en el trabajo actual o simplemente quieres divertirte.

Cuando estás experimentando una situación que está fuera de tu control, buscar una actividad positiva en la que involucrarte es una opción saludable. Busca una distracción, algo que te traiga placer o comodidad, o que te haga sentir mejor.

Relajarse en la naturaleza es refrescante, calmante y un gran alivio del estrés y la preocupación. Cada vez que te encuentres abrumado por pensamientos que corren desenfrenados en tu mente, sal a dar un paseo por la playa, por el río o por el parque.

El objetivo es conectar contigo mismo. Concéntrate en los sonidos, vistas y olores de tu entorno. Tomarte un descanso alejará tu mente de tus preocupaciones, te hará sentir tranquilo y reconfortado.

Descanso para Resultados

Crear tiempo para descansos físicos y mentales refrescantes es fácil. Busca una actividad que disfrutes. Selecciona entre estas opciones para probar durante tu próximo descanso.

Estiramiento. Si eres como mucha gente que se sienta en una computadora o un escritorio por mucho tiempo, levántate de tu silla al menos una vez cada hora para moverte y estirar las piernas y los brazos. Además, alejar regularmente tus ojos de la pantalla hace que tus ojos se cansen menos.

Caminar. Los movimientos al caminar aceleran la circulación, lo que te hace más activo y reduce la tensión en tus músculos. Además, un cambio de entorno podría darte una nueva solución o punto de vista a un problema persistente.

Respirar. Inhalar lentamente, respiraciones profundas por la nariz y exhalar por la boca es una forma de ejercicio para controlar la respiración. Este es un gran método para refrescar la mente, aliviar la tensión y mejorar la alerta. Puedes practicar estos ejercicios de respiración acostado o sentado en una silla. Para obtener resultados efectivos, intenta hacer hasta 8 repeticiones dos o tres veces al día.

Hacer ejercicio. Siempre que puedas, da un paseo en bicicleta o camina durante 20 minutos. Los períodos cortos de ejercicio aumentan tu ritmo cardíaco y mejoran la circulación, te hacen más alerta, mantienen tu peso bajo control, mejoran tu apetito y te hacen sentir menos cansado.

Visualización. Una estrategia para obtener los efectos positivos de un entorno sereno cuando no puedes estar presente allí, en realidad, es mediante la visualización. Por ejemplo, si estás teniendo un día difícil en el trabajo, puedes recostarte o sentarte en una silla por unos minutos e imaginar estar en un lugar de vacaciones favorito o sentado en un reconfortante jacuzzi que hace que todo el estrés se desvanezca. Visualiza tantos detalles emocionantes como puedas: olores, sonidos y vistas. Esto transmite impulsos a tu cerebro, indicándole que se calme.

Lee un libro. Un poco de distracción es todo lo que se necesita para escapar del confinamiento. Olvídate del Internet y lee un libro. Sumérgete en una historia romántica o lee algo que te lleve a un lugar y tiempo diferentes. Si es imposible quitarte tus preocupaciones, aléjate de ellas.

Ayuda a alguien más. Deja de ser egoísta. Piensa en otras personas. Conviértete en un voluntario local, dona a una buena causa, prepara bocadillos para las personas sin hogar en tu área. La forma más fácil de dejar de pensar en ti mismo es pensar en otra persona.

Muchas de esas cosas que nos agobiarán y nos harán perder el sueño pueden ser solucionadas con unas horas de diversión, placer o distracción, en lugar de otro día estresante lleno de preocupación y ansiedad.

Al adoptar estas estrategias, sigue las indicaciones de tu cuerpo y no permitas que una rutina estricta dicte tus descansos. Cuando tus descansos se convierten en otra tarea en tu lista de pendientes, será difícil obtener los beneficios deseados. Así que, tómate ese descanso cuando más lo desees.

Tu estado de ánimo, junto con tu perspectiva, mejorarán. Todo, incluso los desafíos imposibles en la vida, parece ser más fácil cuando te tomas un descanso de todo el estrés. Un poco de espacio para respirar puede preservar tu perspectiva y ayudarte a explorar otras opciones para un cambio positivo.

Consolida todos tus problemas en lugar de dejar que interrumpan tu vida diaria.

Capítulo 26: Trabajar fuera.

Tu salud, así como tus actividades diarias, pueden ser afectadas negativamente por la sobrepensación. Como ya sabes, el proceso de sobrepensar es tedioso, ocupa una gran parte de tu tiempo y te impide participar en actividades rentables.

Tiendes a considerar cada situación como demasiado compleja y tu cerebro se estresa por sobreanalizar. Por lo tanto, es muy difícil desplegar tus habilidades de resolución de problemas y análisis. La mayoría de las veces, estás molesto y decepcionado contigo mismo. Eventualmente, estos resultados provocan ansiedad y depresión. Pequeñas cosas comienzan a aterrorizarte o irritarte, incluso podrías llorar. Además, hay una aceleración en el proceso de envejecimiento, hay un cambio en tu patrón de sueño y podrías experimentar un trastorno alimenticio.

No solo hacer ejercicio ayuda a limitar el exceso de pensamientos, sino que también reduce el estrés interno y la ansiedad.

Como sabemos, no hay forma de apagar tu cerebro si no deseas pensar. El proceso es difícil, pero es inofensivo intentarlo y también puedes mejorar la calidad de tu vida mientras lo haces.

Necesitas una gran cantidad de concentración mental para participar en un entrenamiento intenso, esto implica que toda tu concentración estará en el ejercicio, en lugar de las varias imaginaciones que pasan por tu mente.

Además, se liberan endorfinas en tu cerebro cuando haces ejercicio, lo que conduce a una sensación general de bienestar y positividad. Esto reduce el riesgo de pensar pensamientos perturbadores o negativos.

Cómo el ejercicio promueve el bienestar positivo

Las personas que se sienten mentalmente sanas también pueden mejorar su salud al hacer ejercicio. Participar en actividades físicas ha sido descubierto como un estímulo para el sueño de calidad, mejorar el estado de ánimo y aumentar los niveles de energía.

Los beneficios de la actividad física para la salud mental son numerosos, incluyen:

Las hormonas del estrés se reducen al hacer ejercicio. Las hormonas del estrés, como el cortisol, disminuyen cuando haces ejercicio. Endorfinas- tu hormona de la positividad- también se liberan cuando haces ejercicio y esto ayuda a mejorar tu estado de ánimo.

La actividad física desvía tu atención de emociones y pensamientos negativos. La actividad física te distrae de tus problemas, enfoca tu mente en la actividad presente o te lleva a un estado de calma.

El ejercicio aumenta la confianza. Hacer ejercicio ayuda a tonificar tus músculos, perder peso y lograr una sonrisa y resplandor saludables. Puedes experimentar una mejora leve pero significativa en tu estado de ánimo, tus ropas te quedarán mejor, y emanarás una aura de confianza renovada.

Ejercicio puede ser una excelente fuente de apoyo social. Hay beneficios probados del apoyo social y muchas actividades físicas pueden ser consideradas también actividades sociales. Por lo tanto, no importa si juegas softball en una liga o te conviertes en miembro de una clase de ejercicio, hacer ejercicio en grupo puede ofrecer beneficios adicionales al aliviar el estrés.

Una mejor salud física equivale a una mejor salud mental. Aunque el estrés puede resultar en enfermedad, la enfermedad también puede resultar en estrés. Mejorar tu bienestar general y longevidad mediante el ejercicio puede prevenir mucho estrés a corto plazo, al aumentar tu inmunidad contra la gripe, resfriados y otras enfermedades menores. Y a largo plazo, al mejorar tu salud durante mucho tiempo, ayudándote a disfrutar al máximo de la vida.

Hacer ejercicio te protege del estrés. Puede haber una relación entre la actividad física y una respuesta fisiológica reducida al estrés. En términos más simples, el estrés tiene un efecto reducido en las personas que hacen ejercicio activamente. Además de otros beneficios, el ejercicio puede hacerte inmune al estrés potencial y puede ayudarte a manejar el estrés actualmente.

Tipos de ejercicios para superar la sobrethinking.

Estos tres ejercicios te ayudarán a vencer la práctica de sobreanalizar y pensar demasiado. Sigue este patrón increíble y cambia tu vida.

Experimenta con el yoga. Una excelente manera de reducir la presión en tu cerebro y aliviar el estrés es practicando yoga. El yoga ayuda a canalizar tu atención y concentración de cosas insignificantes hacia tu respiración y cuerpo al entrar en un estado de meditación.

Experimenta con la postura fácil en el yoga. Contrariamente a lo que sugiere el nombre, no es fácil. Te sientas con los huesos de la cadera planos en el suelo y extiendes la columna vertebral. Relaja tus hombros y afloja tu rostro hacia un estado de tranquilidad. Deja caer tus brazos sobre tus rodillas y respira profundamente durante al menos un minuto. Esto eliminará todas tus preocupaciones y estrés mental.

'Rodillas al Pecho' es otro gran ejercicio. Lo único que necesitas hacer es recostarte y abrazar tus rodillas cerca de tu pecho. Realiza movimientos de balanceo de lado a lado y respira profundamente durante un mínimo de 40 segundos.

Ejercicios cardiovasculares de rutina. Esta es una excelente forma de relajarse. Las endorfinas son analgésicos naturales que se liberan durante períodos prolongados de aumento de la frecuencia cardíaca. No solo el ejercicio regular disminuye el nivel de estrés en su cuerpo, sino que también puede ayudar con la pérdida de peso, aumentando su confianza. Si eres principiante, prueba estos ejercicios relativamente simples.

Comienza dando un paseo por las colinas. Puedes incluir pesos en los tobillos o usar correas de muñeca o mancuernas para aumentar tu frecuencia cardíaca. De lo contrario, usa una cinta de correr; enciende tu música preferida para evitar que tu cerebro se distraiga con cosas insignificantes. Montar en bicicleta es otra gran opción si no disfrutas caminar.

Usar las escaleras es otra opción. Corre o camina por las escaleras, dos a la vez durante unos 10-15 segundos, de lo contrario, prueba con la máquina de escaleras en el gimnasio.

Participa en la relajación muscular progresiva. Este es un proceso de dos etapas. En primer lugar, contraes y luego relajas varios músculos de tu cuerpo. Esto ayuda a neutralizar el estrés y los músculos tensos en tu cuerpo. Un cuerpo relajado equivale a una mente relajada. Ten en cuenta preguntar a tu médico sobre cualquier historial de dolor de espalda o muscular antes de hacer esto para evitar empeorar una lesión subyacente.

Puedes comenzar con tu pie derecho. Aprieta fuertemente durante 10 segundos, luego déjalo relajarse. Haz lo mismo con tu pie izquierdo y asciende de la misma manera. Recuerda tomar respiraciones profundas y lentas en todo momento.

El estrés se reduce al participar en actividad física regular.

Capítulo 27: Adquiere un pasatiempo.

Hacer algo que amamos nos da felicidad y mejora nuestras vidas. Este es un buen método para dejar el hábito de pensar demasiado. Ten una constante escapada artística que ames. Cualquier cosa productiva como programación, diseño gráfico, música, dibujo y pintura, participar en algún deporte, y otros.

El mejor método para comenzar un nuevo hobby es intentar algo diferente. Hay actividades increíbles y divertidas en todo el mundo en las que podemos sumergirnos y convertirlas en nuestras. Proporciona algo interesante para hacer cuando estamos libres y nos da la libertad de adquirir habilidades adicionales. Tu hobby puede ser jugar videojuegos.

Todos somos específicos y diferentes, por lo tanto, nuestros pasatiempos y pasiones difieren. Y tan pronto como encontramos un pasatiempo que amamos y que realmente nos interesa, nos quedamos pegados a él. Se convierte en un aspecto integral de nuestras vidas y nos fascina personalmente. Si tus pensamientos te abruman, realiza tu hobby y sumérgete en él. Síguelo hasta que te sientas revitalizado.

Hay numerosas razones por las que todos deberíamos adoptar un pasatiempo, pero estos son algunos de los principales beneficios:

- Te hace más interesante. Tener aficiones te abre a encuentros diversos, así que tendrás un montón de historias que contar. Son especialistas en ese campo, por lo que pueden dar conferencias a cualquiera que esté interesado en sus temas.

- Ayuda a aliviar el estrés al mantenerte ocupado en algo que disfrutas. Los hobbies son salidas para escapar del estrés de la vida diaria. Te permiten descansar y encontrar alegría en ejercicios que no están relacionados con el trabajo o con otras obligaciones.

- Los hobbies te ayudan a ser más paciente. Para adquirir un nuevo pasatiempo, debes estar tranquilo para aprender a hacer algo que nunca has hecho antes. Es probable que haya un período de aprendizaje y se requiera paciencia para perfeccionar tus habilidades.

- Tener un hobby puede ayudar a tu vida social y crear un vínculo con otros. Un hobby es una actividad de la que constantemente disfrutas con otros. Si eres parte de un club, participas en una liga, o simplemente ayudas a otros con el resultado de tu trabajo, un hobby es una excelente forma de conocer y conectar con personas que comparten la misma pasión que tú.

- Te ayuda a desarrollar nuevas habilidades: Dedicar y dar tu tiempo a un pasatiempo, te lleva a construir nuevas habilidades. Sigues mejorando en un pasatiempo a medida que aumenta el tiempo que le dedicas.

- Ayuda a prevenir malos hábitos y desperdiciar tiempo: El dicho "manos ociosas son el taller del diablo" nunca pasa de moda. Tener buenos pasatiempos para hacer durante tu tiempo libre asegura que no gastes ese tiempo libre en actividades negativas o inútiles.

- Aumenta tu confianza y autoestima: Lo más probable es que disfrutar de una actividad generalmente garantiza que te desempeñarás bien en ella. Exceler en cualquier actividad te ayuda a desarrollar orgullo en tus logros y a incrementar tu confianza.

- Aumenta tu conocimiento: Desarrollar tu pasatiempo no solo garantiza construir nuevas habilidades, sino que también asegura que adquieras nuevos conocimientos.

- Te desafía: Al participar en un nuevo pasatiempo, comienzas a participar en actividades que son nuevas y desafiantes. Si no es un desafío para ti, tu pasatiempo será menos agradable y es posible que no lo encuentres interesante.

- Los pasatiempos ayudan a reducir o erradicar el aburrimiento: Los pasatiempos se aseguran de que tengas algo que hacer en tu tiempo libre. También se aseguran de que tengas algo por lo que emocionarte y algo a lo que anticiparte.

- Enriquece tu vida y te da una perspectiva diferente sobre las cosas: Es cierto que tendrás acceso a nuevas ideas sin importar el pasatiempo que elijas. Los hobbies también te ayudan al brindarte nuevas formas de ver la vida y nuevas opiniones.

Tu enfoque se desplaza de la sobrethinking a la actividad presente cuando te involucras en tu hobby. Esto ayuda a mostrar tu creatividad y mejora tu coordinación y función cognitiva.

Capítulo 28: No seas demasiado duro contigo mismo.

A menudo, sobrepiensas como resultado de ser muy duro contigo mismo. Tu deseo de fortuna es tanto que te revuelcas en angustia si tus planes no se concretan. Aún estás enojado contigo mismo por tu fracaso reciente.

Dado que todos deseamos un mejor mañana, solemos preocuparnos y pensar demasiado en cómo será nuestro mañana. Estás preocupado por perder tu empleo, por tu empresa que se hunde, por un divorcio inminente y muchas otras cosas.

¡Detente! Porque ser molestado no cambiará nada.

En un sentido real, arruina tu momento actual. Acepta el hecho de que no puedes hacer nada sobre tu mañana y deja de preocuparte por ello.

Si te sueles ser demasiado duro contigo mismo, eliminar tu tendencia a sobreanalizar las cosas se convierte en un problema. En realidad, la vida nunca sale como se planea.

A veces, las cosas no saldrán bien y no hay nada de malo en eso. Prepárate para dejar de sentir culpa cuando las cosas no salgan como se planeó. A menudo, no eres la causa.

¿Por qué preocuparte por una situación sobre la que no puedes hacer nada?

Inmediatamente cuando dejas de ser duro contigo mismo, el fracaso no provocará miedo en ti, lo que llevará a menos pensamientos excesivos.

Reconoce que tu mañana se cumplirá tal como estaba destinado y dirige tu fuerza hacia actividades que te brindarán placer y satisfacción.

Cómo dejar de ser demasiado duro contigo mismo

Es crucial ser tolerante y apreciarte a ti mismo para dejar de ser duro contigo mismo. En lugar de malgastar tiempo en culpa personal, enséñate a hacer que la vida sea mejor para ti.

- Ten expectativas realistas. Eres solo humano, así que entiende que no hay nada malo en cometer errores. No hay persona perfecta y la vida no es perfecta. Cometer errores te ayudará a adquirir conocimiento y desarrollarte, y lo que quieres en la vida no siempre es lo que obtienes. Acepta el curso de tu vida, dedícate a adquirir conocimiento y mejorar como persona. Concéntrate solo en las cosas que puedes influir realmente.

- Busca las lecciones en todo. En lugar de castigarte cuando se comete un error, acepta el error y busca las moralejas en él. Está bien ser criticado, pero asegúrate de que los críticos sean útiles y tengan importancia relativa. Tener baja autoconfianza está estrechamente asociado con ser demasiado duro contigo mismo. Determinate a no ser duro contigo mismo. Pregúntate qué puedes hacer mejor en el futuro basado en lo que aprendiste. Mira estos encuentros como una oportunidad para progresar.

- Desafía a tu crítico interno negativo. Las cosas que dices y piensas son importantes y ser pesimista desfigurará tu existencia. Cuestionarte repetidamente no te aportará nada. Deja de vivir en tus errores. Es un mal uso de la fuerza, no es útil y te mantiene estancado. Combate el pesimismo y concéntrate en el progreso.

- Concéntrate en lo positivo. Hay "bueno" en todas partes pero es probable que no los notes si eres demasiado duro contigo mismo. Busca deliberadamente lo positivo. Cuestiónate sobre las cosas que hiciste correctamente, lo que aprecias de ti y de tu existencia. Tener un diario y escribirlo es útil.

- Pon las cosas en perspectiva. ¿Son los errores que cometiste y tu vida tan trágicos como los imaginas? ¿En unos 10 años, seguirá siendo importante? Puedes hablar con una persona de confianza al respecto.

- Usa afirmaciones. Por ejemplo "Quizás no sea el mejor pero estoy adquiriendo conocimientos y progresando" o "lo que hice entonces fue lo mejor que pude con mi conocimiento".

- Trátate a ti mismo como a un mejor amigo. Acéptate como alguien con defectos, trátate con ternura y date amor. Permítete hacer cosas nuevas, cometer errores, resolver problemas y progresar. Quiérete y conoce tu completo valor.

El progreso se detiene cuando eres demasiado duro contigo mismo. Pero puedes dejar de ser tan duro contigo mismo. Requiere determinación y fuerza, pero vale la pena. Si tienes algún problema o crees que siempre estás estancado, no dudes en pedir ayuda. Deja de ser duro contigo mismo, cultiva la confianza en ti mismo y construye la vida que deseas.

No tienes que estar a cargo. Acepta que no puedes hacer nada sobre el mañana y no tienes poder sobre todo.

Deja de ser un idealista.

Capítulo 29: Obtén bastante sueño de buena calidad.

Al mantener una actitud beneficiosa y no dejarse llevar por una mentalidad adversa, el sueño es un factor mayormente olvidado. Cuando no duermes lo suficiente, eres propenso a preocuparte y tener pensamientos negativos, no meditas con tu claridad habitual, y te dejas llevar por los diversos pensamientos que giran en tu mente mientras sobrepiensas.

Para adquirir y retener conocimiento, para ser innovador, se requiere un cerebro brillante y atento. Por el contrario, se cometen más errores y hay una reducción en la creatividad en nuestras actividades cuando no se duerme lo suficiente.

Un sueño adecuado asegura que tengamos el estado mental adecuado para obtener información en nuestras actividades diarias. Además, un sueño adecuado es necesario para refinar y memorizar esa información a lo largo de un período prolongado de tiempo. El sueño causa alteraciones en el cerebro que consolidan la red de refuerzo del pensamiento entre las células cerebrales y envían información a través de los hemisferios del cerebro.

Beneficios de dormir

- Afila tu atención. Habrás observado que es difícil concentrarse en las cosas cuando tienes demasiados pensamientos dando vueltas en tu cabeza. Es difícil aprender muchas cosas nuevas cuando piensas demasiado. Si estás apropiadamente relajado, tendrás más claridad y un enfoque agudo.

- El sueño mejora tu salud mental. Ve a dormir a tiempo para tu salud intelectual. El sueño reduce los signos de depresión. La falta de sueño puede causar ansiedad y aumentar el estrés. Cuando estás demasiado tenso para dormir, puedes levantarte de la cama, intentar meditar o escribir en un diario para ayudar a preparar tu mente para dormir.

- Mejora tu memoria. Hacer una memoria consta de tres fases. La fase uno es la adquisición, aquí es donde traes hechos a tu mente. La fase dos es la consolidación; aquí, la información se solidifica. Por último, el recuerdo - y es justo lo que piensas, podemos volver a la información guardada. La fase uno y tres ocurren durante nuestras horas de vigilia y la fase dos ocurre durante nuestras horas de sueño. Durante el sueño, el cerebro consolida y organiza nuestros pensamientos, lo que ayuda a recordar el conocimiento adquirido previamente.

- Reduce tu estrés. ¿Has observado cómo las cosas sin importancia te preocupan cuando no duermes lo suficiente? Pensar demasiado te hace estar de mal humor y reaccionar de forma adversa ante inconvenientes e interferencias insignificantes. Dormir ayuda a disminuir el estrés.

- Ayuda en la toma de decisiones. Tu sueño afecta tus decisiones. Tener un tiempo de pensamiento inerte, como el sueño, ayuda en la toma de decisiones acertadas. ¿Conoces a alguien que quiera tomar una decisión que cambie su vida estando cansado?

- Te ayuda a concentrarte en tus tareas. Si no estás durmiendo bien por ti mismo, duerme bien por tus obligaciones. La investigación nos dice que dormir te ayudará a mantenerte consciente y atento durante todo el día, permitiendo que tu horario funcione mejor de lo que sería si no durmieras. Las siestas cortas también pueden mejorar tu concentración. Adquirir conocimientos y habilidades tácticas se ven favorecidos por el sueño.

- Dormir limpia tu mente físicamente. Así como limpias la basura en tu hogar, deja que el sueño saque la basura de tu cabeza. Las toxinas que se acumulan con el tiempo son limpiadas por el cerebro cuando duermes. Probablemente por eso te sientes muy bien cuando te levantas de un buen sueño.

Cómo obtener el máximo provecho de tu sueño

- Aprende cuánto tiempo tardas en quedarte dormido. Si quieres dormir durante un período de tiempo definido, en realidad debes considerar la cantidad de tiempo que tardas en conciliar el sueño. Una aplicación móvil de seguimiento del sueño puede ayudarte con esto. Una vez que hayas estimado esto, tenlo en cuenta al pensar en tu tiempo de sueño.

- Mantén la calma. Entrar en una habitación acogedora está bien al principio. Sin embargo, me di cuenta de que duermo más cómodamente, en paz y con menos pesadillas en una habitación fría.

- Mantén los tapones para los oídos cerca. Si eres como yo, te despiertas al menor ruido, entonces unos simples tapones para los oídos son lo mejor. Estos materiales de bajo coste han ayudado a mi buen descanso nocturno y me han ayudado a dormir, incluso si hay gatos ruidosos, roncadores y cualquier otra interrupción.

- No trates de forzarte a dormir. No te vayas a la cama y te obligues a dormir, cuando no sientes sueño. Por experiencia, hacer esto lleva a dar vueltas en la cama durante más de una hora. Lo mejor que puedes hacer en una situación así es relajarte durante unos 20-30 minutos en el sofá, leyendo o haciendo cualquier cosa que te resulte apropiada. Hacer esto me ayuda a conciliar el sueño mucho más rápido y finalmente dormir lo suficiente.

- No duermas demasiado tiempo. Lo que inicialmente me hizo odiar las siestas fue dormir durante la cantidad incorrecta de tiempo. Lo que está mal con esto es que puede causarte pereza al dormir, la sensación de mareo y debilidad, más de la que tenías antes de ir a dormir.

Como el flujo sanguíneo y la temperatura del cerebro son más bajos durante el sueño, despertarse inesperadamente y un nivel aumentado de función cerebral puede resultar inquietante.

Dormir durante más de 90 minutos no es útil porque comenzarás otro ciclo de sueño. Además, hacer siestas al final del día implicará un exceso de sueño de ondas lentas.

Restringe tu siesta a 15 minutos. 30 minutos pueden causar inercia del sueño, o la ralentización de la corteza prefrontal del cerebro que se encarga del juicio. Reiniciar esto toma aproximadamente 30 minutos.

El acuerdo general común a todos los estudios que investigué es bien sea tomar una siesta corta de 15-20 minutos, posiblemente tomando algo de café antes, para levantarse con más energía (aunque estaré impresionado si logras hacerlo), o tomar una siesta de ciclo completo de 90 minutos y despertar antes del comienzo del siguiente ciclo.

- Elija la hora adecuada del día. Dormir la siesta cuando sus niveles de energía están habitualmente bajos puede ayudar a prevenir la sensación de la temida hora interminable cuando el día avanza lentamente mientras luchas contra tu somnolencia. Para aquellos que trabajan de 9 a 5, este momento suele ser después del almuerzo: debido al ciclo innato de nuestro ritmo circadiano, estamos cansados dos veces en 24 horas. La mitad de la noche es uno de los puntos más altos de somnolencia y el otro, aproximadamente 12 horas más tarde, se encuentra justo en la tarde.

Si no dormiste adecuadamente la noche anterior, el descenso en tus pensamientos se sentirá con más fuerza, por lo que querrás tomar una siesta. En lugar de luchar contra este sentimiento con café y bebidas energéticas, puedes tomar una breve siesta para refrescar tu cerebro antes de enfrentarte a la tarde.

- Práctica. Para mejorar la siesta, la práctica es importante. Encontrar lo que es específico para ti puede llevar tiempo, así que sigue intentando en varios momentos del día, con varias duraciones de siesta y varios métodos de despertar.

Asegúrate de que tu entorno de sueño tenga poca luz. Ten una manta a mano para mantenerte caliente mientras duermes.

Obtén un sueño de calidad adecuada. Manténlo fresco. Mantén los tapones para los oídos cerca. No te fuerces a dormir.

Conclusión.

Necesitas entrenarte para dejar de pensar demasiado y hacer un esfuerzo consciente para practicar esto diariamente para que se convierta en un hábito. Controlar tus sentimientos y pensamientos requiere práctica seria y compromiso.

Por sí solos, tus pensamientos pueden divagar aleatoriamente de una idea a otra, pueden pasear por el carril de los recuerdos, perseguir pensamientos salvajes, o avivar ideas amargas o resentimiento y enojo. Alternativamente, tu mente puede sumergirse en un mar de ensoñación y un mundo de fantasía, si no se tiene cuidado, tu vida puede ser controlada por esos pensamientos aleatorios de manera que cada decisión o acción que tomes se vuelva impredecible. Tales pensamientos intrusivos que podrías experimentar durante el día son evidencia de que la mayoría de las funciones de la mente probablemente estén más allá del control consciente. Además, nuestros pensamientos pueden sentirse tan poderosos y reales que pueden afectar la forma en que percibimos el mundo exterior.

Tómese un momento para desechar la suposición de que sus pensamientos espontáneos son insignificantes y totalmente inofensivos. En realidad, esos pensamientos pueden ser insignificantes en ese momento, pueden ser el producto de la memoria o emoción pasada, pero en el momento presente, pueden no reflejar la realidad.

La mayoría de nuestros pensamientos están bajo el control de nuestra mente subconsciente y nuestra mente subconsciente nunca nos otorgará un control total sobre nuestros pensamientos. Sin embargo, aún tienes la capacidad de controlar algunos de tus pensamientos. Además, puedes cambiar algunos de tus hábitos y la forma en que reaccionas a ellos para tener más control sobre tus emociones.

A medida que avanzabas por este libro, has encontrado una variada selección de ideas y herramientas que pueden ayudarte a despejar tu mente para que puedas silenciar todas las voces negativas en tu cabeza, reducir el estrés y tener más paz mental.

Hacer esfuerzos conscientes para evitar pensar demasiado es un curso de acción gratificante que impactará significativamente la calidad de tu vida. Al pasar menos tiempo revisando pensamientos intrusivos y negativos "en tu mente", tendrás más tiempo para disfrutar del momento presente y de cada otro momento.

www.ingramcontent.com/pod-product-compliance
Lightning Source LLC
Chambersburg PA
CBHW051538020426
42333CB00016B/1990